위대하고 괴짜한

경제학의
슈퍼스타들

일러두기

• 이 책에 사용한 인명, 지명 등은 현재 통용되는 외래어 표기법에 따라 표기하는 것을 원칙
  으로 삼았습니다.

• 경제학 초보자도 쉽게 이해할 수 있도록 경제학자의 주요 이론에 각주 설명을 달았습니다.
  14쪽(원주)을 제외한 이 책의 모든 각주는 감수자의 글입니다.

• 주요 저서의 제목과 출간 연도는 원서 초판을 기준으로 삼았습니다. 국내에 번역 소개된
  경우, 한국어판의 제목을 따르되 원서 초판 출간 연도를 병기했습니다.

위대하고 저질한

경제학의 슈퍼스타들

브누아 시마 지음 | **뱅상 코** 그림 | **권지현** 옮김 | **류동민** 감수

Humanist

차례

혁명가들-20세기 파괴자들의 시대

현대의 경제학자들 - 21세기 위기 만세!

한국어판 서문

지구 반대편에 있는 한국의 독자 여러분, 안녕하세요? 우선 여러분에게 갈채를 보냅니다. 뱅상 코와 저는 훌륭한 구매를 하신 여러분을 칭찬하고 싶습니다. 우리 책이 대단한 책이어서가 아닙니다. 여러분이 구입한 책이 경제학에 관한 책이기 때문입니다. 경제학은 스트레스를 준다거나 우울하다는 명성과 달리 아주 매력적인 학문입니다.

뱅상 코와 저는 누구나 쉽게 이해할 수 있도록 경제학을 재미있고 특이하게 소개하고자 했습니다. 애덤 스미스 이후, 그러니까 자본주의가 출현한 때부터 조지프 스티글리츠 같은 유명한 현대 경제학자에 이르기까지 경제사상을 대표하는 여러 학자를 이론과 함께 다루었습니다.

자본주의가 전 세계에 확산되어 많은 나라에 번영을 가져왔다는 사실은 인정해야 합니다. 한국도 그런 경우에 속합니다. 여러분은 웃으시겠지만 지난 30년 동안 프랑스는 그런 한국을 '아시아의 호랑이'라고 불렀습니다.

그러나 세계를 지배하는 자본주의는 갑작스런 혼란(위기)이나 불평등 심화 등 여러 가지 문제를 야기하기도 했습니다. 서양에서는 '위대한 경제학자'라 불리는 정예 경제학자들이 연구를 통해서 그 폐해에 관한 반향을 불러일으키고 있습니다. 물리학과 생물학에서는 우주와 생명체가 점점 더 복잡하게 진화한다고 설명합니다. 경제도 그와 비슷합니다. 고전학파, 마르크스학파, 신고전학파, 케인스학파, 통화주의자 및 조절학파가 (각자의 도구를 가지고) 경제의 메커니즘을 설명할수록 경제 시스템은 점점 더 이해하기 어려워집니다.

경제사상을 만화와 함께 풀어낸 이 책은 진화를 멈추지 않는 경제의 최첨단 DNA를 해독하기 위해 노력을 아끼지 않은 경제학의 슈퍼스타 35명을 노래한 무훈시입니다.

독자 여러분, 경제 예언가들의 세계에 오신 것을 환영합니다!

브누아 시마

추천사

2008년 말, 런던 정치 경제 대학을 방문한 영국의 엘리자베스 여왕이 대학 관계자에게 물었다. "작금의 위기를 예견한 경제학자가 어떻게 한 사람도 없단 말입니까?"

방 안에 틀어박혀 아무리 연구를 해도 오류와 근삿값만 내놓고 과거밖에 예언할 수 없는 경제학자의 잔인한 운명을 이보다 잘 보여 주는 말이 있을까?

경제에 관한 논쟁은 도처에서 벌어지고 있다. 그리고 모든 사람이 이 논쟁에 참여할 자격이 있다고 생각한다. 그래서인지 경제학자들은 조롱을 받기도 하지만 질투의 대상이 되기도 한다. 많은 경제학자는 자신이 진실을 안다고 확신한다. 그들은 자신을 존경하지 않는 사람이라면 학위가 얼마나 많든, 학술 대회에 얼마나 많이 참가했든간에 금융이나 대자본, 트로츠키주의의 하수인이라 믿는다. 그들은 자신의 지식을 반박하지 못하도록 수학과 물리학을 비롯한 정밀과학의 방법론을 차용했다. 사람들은 도무지 경제학을 이해할 수 없다며 비난했고, 플로베르가 그의 명저 《통상 관념 사전》에서 드러낸 편견처럼 경제학을 '속 빈 과학'이라며 비웃었다.

양심 없는 과학은 영혼의 폐허에 지나지 않는다. 그러나 분별력 있는 사람들의 공격에 직면한 경제학자는 진정한 과학 없이 내세운 양심은 모두를 망하게 한다는 사실을 설득하지 못했다.

위대한 경제학자들을 모아 둔 박물관을 둘러보기만 해도 그 사실을 알 수 있다. 이 책의 목적도 바로 그것이다. 상당히 매력적인 기획이다. 유머 감각이 넘친다고 소문난 영국이나 (종종 미국 여권 뒤에 숨은) 체코의 경제학자들이 많다는 걸 알았기 때문일까. 이 책의 저자들은 독자에게 웃음과 함께 흥미를 불러일으키고자 한다.

하나의 브랜드이자 프랑스 지식인 계층의 특징이 되어 버린 반자유주의의 향기를 풍기는 저자들의 기획은 매우 프랑스적이라 할 수 있다. 마르크스가 2008년 금융 위기를 예견하고 이해했다고 믿는 척하며 여유를 부릴 정도니 말이다. 경제학자들의 이론을 비꼰 것은 다분히 악의적이다. 많은 독자에게 더 많은 것을 알고 싶게 만들 이 책의 성공을 빈다. 독자들은 위대한 경제학자들의 저서와 대표적인 수학 및 계량경제학의 분석 모델에 대해 읽게 될 것이다. 탐구의 목적도 대단하다. 여왕 폐하께 깨달음을 드리는 것이니….

장 마르크 다니엘[*]

---

[*] 정치경제학 전문가. 경영 대학원인 ESCP Europe에서 객원 교수로 재직하며 〈르몽드〉와 BFM 비지니스 방송에서 칼럼니스트로, 잡지 〈소시에탈〉에서 편집장으로 활동하고 있다.

프롤로그

그날, 경제학이 탄생했다

1764년, 늦여름의 어느 일요일. 프랑스 콩피에뉴 지방의 한 여인숙 2층에서 두 명의 신사가 한참 전부터 열띤 토론 중이다. 한 명은 스코틀랜드 출신의 애덤 스미스다. 철학서를 써서 유명해진 뒤로 영국에서는 신문에 오르내리는 그의 못난 외모를 모르는 사람이 없었다. 맞은편에는 프랑수아 케네가 앉아 있다. 루이 15세가 통치하는 프랑스에서 명성이 자자한 그는 국왕의 '이발사*', 즉 왕의 주치의라는 매우 상징적인 지위를 가진 의사다.

젊은 귀족에게 프랑스를 구경시켜 주던 애덤 스미스는 권위 있는 지식인으로서 언쟁을 즐기던 프랑수아 케네를 만났다.

프랑수아 케네도 (수업뿐 아니라 엉뚱한 성격 때문에) 유럽의 학생들에

● 케네는 외과 의사로 명성을 떨쳤다. 당시까지만 해도 이발사와 외과 의사는 칼을 사용한다는 점에서 같은 직업으로 간주되던 전통이 남아 있었다.

게 대단히 인기가 많았던 글래스고 대학교의 애덤 스미스 교수를 만나게 되어 기뻤다. 당시 국제어였던 프랑스어로 대화를 나누던 두 사람은 문학계 소식(디드로와 달랑베르의 《백과전서》 출간 등)과 의학의 발전, 그리고 그들의 가장 큰 관심사였던 경제에 대해 토론을 벌였다. 이때만 해도 돈, 국가의 성책, 부의 증식 등에 관한 고찰을 '정치경제학'이라고 불렀다. 요즘 사람들에게는 지나치게 현학적으로 들릴지 모를 그들의 대화는 매우 수준 높았다.

두 사람의 연구*를 바탕으로 그들이 나누었음직한 대화를 재구성해 보자.

케네 한 국가의 국민은 세 계급으로 나뉩니다. 생산 계급, 지주 계급, 비생산 계급이지요. 생산 계급이 가장 중요합니다. 해마다 그들이 경작하는 것에서 부를 재창출하니까요.

스미스 농업 노동자 말씀입니까?

케네 그렇습니다.

스미스 그렇다면 공장이나 장인이 만들어 내는 생산의 가치는 어떻게 하나요? 한 국가의 부를 측정하려면 농업 생산의 가치와 제조업 생산의 가치를 더해야 하지 않습니까?

케네 아닙니다! 자연이 제공하는 에너지를 사용해서 만드는 순수한

---

* Jean-Louis Peaucelle과 Évelyne Rivals, *La Secte des Économistes, Adam Smith et François Quesnay à L'Origine des Théories Économique*, Annales des Mines 온라인에서 검색 가능.

상품, 그러니까 진정한 의미의 생산을 해 내는 주체는 농부뿐입니다. 상인은 그렇게 창출된 부를 생산자에게서 소비자에게로 넘겨주는 일만 할 뿐입니다.

스미스 하지만 빵집 주인도 밀로 빵을 만들지 않습니까?

케네 부를 변형시킨 것뿐입니다.

스미스 그렇다면 지식의 장인인 우리가 쓰는 책도 경제적 가치가 없다는 말씀입니까?

케네 그렇지요.

두 사람의 대화는 아마도 맛 좋은 와인 시음으로 마무리됐을 것이다. 이들의 토론은 부와 경제에 대한 두 사람의 생각이 어디까지 진행됐는지 잘 보여 준다. 이들은 혁명의 시대에 일어난 정치·사회 변화와 떼려야 뗄 수 없는 완전히 새로운 학문인 경제학의 기초를 세웠다.

애덤 스미스는 경제학의 창시자로 영원불멸의 이름을 남겼지만, 프랑수아 케네는 아는 사람만 아는 지식인으로 남았다. 애덤 스미스의 《국부론》(1776)은 지금까지도 사람들의 입에 오르내린다. 주식 중개인들이 어버이날 선물로 받을 정도로. 반면, 케네의 《경제표》(1758)는 책벌레들의 작은 기쁨 정도로만 남아 있다.

그러나 루이 15세 시절에 프랑수아 케네가 고안한 사고 체계는 가히 혁명적이었다. 그는 부가 돈과는 아무런 관련이 없다고 보았다. 금은 이미 생산된 부를 교환하는 수단에 불과하기 때문이다. 케네는 부란 생산이고, 생산은 사회라는 몸의 혈관에 피를 돌게 한다고 주장했다. 중

농학파의 우두머리인 그는 국왕에게 생산을 방해하는 모든 요소를 제거해서 자유롭게 생산이 이루어지도록 하라고 권고했다.[*]

현대 자유주의 경제학의 망각된 조상 프랑수아 케네는 불멸의 문을 영영 닫아 버리는 돌이킬 수 없는 실수를 저지르고 말았다. 농부만이 생산을 할 수 있다는 그의 주장이 문제였다. 그가 보기에 물, 바람, 햇빛 등 자연의 에너지를 이용해 해마다 부를 재창출할 수 있는 주체는 농부뿐이었다. 국민의 95퍼센트가 시골에서 일하고 생활하는 나라에서는 당연한 소리였다.

비슷한 시기에 영국에서는 산업 혁명이 일어났다. 애덤 스미스는 시장에서 거스를 수 없는 흐름이 되어 버린 제조업의 부상을 목격했기 때문에 최초의 경제사상가이자 제조업의 이론가, 최고참 경제학자가 되었다.

물론, 사람들은 고대부터 경제에 대해 논했다. 아리스토텔레스에서부터 토마스 아퀴나스, 장 보댕, 홉스나 루소에 이르기까지 철학자, 신학자 등 모든 사상가가 돈과 부의 문제에 관심을 보였다. 그러나 혁명(미국, 프랑스, 영국)의 세기였던 18세기에 이르기 전까지 경제를 체계적으로 고찰한 사람은 아무도 없었다. 시장, 이윤, 성장과 같은 개념도 존재하지 않았다. 부란 (귀족, 교회, 그리고 아직 희귀한 존재였던 상인에게) 스크루지 맥덕처럼 돈을 쌓아 두는 것으로 이해됐을 뿐이다.

- 케네는 경제 활동의 자유를 중시했다. 경제는 자연적 법칙에 따라 움직이기 때문에 정치권력이 개입해서는 안 된다고 생각했다.

경제사상사를 연구한 미국의 로버트 하일브로너는 투자와 마찬가지로 '돈을 버는 것'도 아주 최근에 나타난 개념이라고 설명한다.

불쌍한 프랑수아 케네! 경제사상사의 낙오자인 케네도 이 책에서 소개하는 35명의 철학자, 연구자, 경제학자의 초상화와 나란히 걸릴 수 있었을 텐데….

평범하지 않다고? 그렇다. 우리의 주인공들은 사상계의 슈퍼 영웅이자 자신의 삶과 이론, 저서로 비범함을 보여 준 신사 동맹에 속해 있다.

자, 이제 현대 경제사상사를 이루는 그들의 이야기를 만나 보자.

고전학파

19세기

조상들의 헛발질

위대한 경제학자들 중에서도 단연 으뜸인 애덤 스미스를 모르는 사람이 있을까? 그러나 자유주의의 수호성인과도 같은 그가 관세청장으로 생을 마감했다는 사실을 아는 사람은 드물 것이다. 이는 스코틀랜드 출신으로, 철학자를 자임하던 애덤 스미스에게 경제학이라는 새로운 학문을 창시할 생각이 조금도 없었음을 보여 준다. 애덤 스미스, 그리고 그의 후배 맬서스, 리카도, 세, 바스티아, 밀, 리스트, 오언, 푸리에 등도 정치경제학에서 벗어나겠다는 야망을 품지 않았다.

바로 이 점이 '경제학의 아버지들'이 갖는 모순이다. 그들과 마찬가지로 특별한 삶을 살다간 마르크스, 발라, 파레토, 마셜도 추가하여 총 13명의 학자들을 여기에 추렸다. 프랑스 대혁명과 제1차 세계 대전 사이에 살았던 그들은 갓 태동하는 학문을 더딘 걸음으로나마 진전시키려고 사력을 다했다.

천재적인 발상과 기념비적인 실수를 겸비한 그들은 고전학파, 사회주의의 새싹, 신고전학파로 나뉜다. 그들은 수천 장의 글을 쓰고 묵직한 저서들을 발표하면서 시장 메커니즘의 생체 시계를 들여다보기 시작했다.

어느 역사학자는 그들을 가리켜 '파이프 담배를 피우는 사람들'이라고 짓궂게 불렀다. 대다수가 영국인이거나 자본주의의 진원지라 할 수 있는 런던에서 활동했기 때문이다. 그야말로 적절한 비유가 아닐 수 없다. 난롯불 앞에서 편안하게 사색에 빠져 있던 사상가들은 이제 우리에게 재밌고도 특별한 지적 모험을 선사해 줄 것이다. 자, 그들을 만나러 가자.

애덤 스미스 ADAM SMITH
1723~1790
생산성의 수호성인

'보이지 않는 손', 세계 자본가들의 잠언이 되다

스미스의 삶

애덤 스미스는 슈퍼 경제학자들 중 가장 먼저 소개되기에 단연 이상적인 이름을 가졌다.* 스코틀랜드 북부의 작은 도시 커콜디에서 태어난 그는 신경 질환의 후유증으로 턱을 떨었다. 교수가 된 뒤에는 엉뚱한 성격 때문에 학생들 사이에서 유명해졌다.

그럼에도 불구하고 프랑스 대혁명이 일어나기 전까지 유럽인들은 스미스의 유명한 도덕 강의를 듣기 위해 영국의 글래스고로 몰려오곤 했다. 그의 도덕 강의는 신학과 철학, 정치경제학을 뒤섞은 수업이었다. 볼테르와 흄이 그의 저서를 읽고 평했고, 벤저민 프랭클린은 직접 그를

• 성경에 나오는 최초의 인간인 아담과 이름이 같기 때문이다.

찾아왔다. 그가 강의실에 들어서자 영국 총리가 자리에서 벌떡 일어나 맞이한 적도 있었다.

스미스의 명저 《국부의 본질과 원천에 대한 탐구》, 일명 《국부론》은 시장 경제 사회의 출현을 이론적으로 분석한 역작이다. 그러나 젊은 시절의 그를 보고, 오늘날 무식한 주식 중개인들이 필독서(장식용일까?)로 갖고 있는 《국부론》을 쓴 전설적인 인물이 되리라고는 당시에 아무도 예측하지 못했다.

못을 돈 대신 사용했다는 말이 있을 정도로 낙후된 지역인 파이프 주에서 1723년에 태어난 스미스는 세관원이었던 아버지를 일찍 여의었다. 총명했던 그는 옥스퍼드 대학교에서 6년 동안 공부한 뒤 모교에서 강의를 하다가 당시 옥스퍼드 대학교보다 훨씬 유명했던 글래스고 대학교로 옮겼다.

애덤 스미스

1759년, 스미스는 강의 내용을 정리해서 발표한 《도덕감정론》으로 유명세를 얻었다. 그는 이 책 덕분에 2년간 프랑스 일주를 하려는 젊은 귀족에게 많은 돈을 받고 고용되었다. 당시 영국 귀족들 사이에서는 이런 여행이 유행이었는데, 경제학사로 보면 다행스럽게도 이 여행은 비극으로 끝났다. 파리에서 여행에 합류한 귀족의 형이 참수형을 당한 것이다. 공포에 질린 애덤 스미스는 서둘러 고향으로 돌아와 노모와 함께 지냈다.

그는 오래된 난로에서 뿜어져 나오는 온기를 느끼며 10년간 《국부론》을 집필했다. 미국이 독립을 선언한 1776년에 출간된 이 책 덕분에 애덤 스미스는 불멸의 명성뿐만 아니라 고관대작의 지위도 얻었다. 에든버러 관세청장에 임명된 것이다.

스미스의 이론

스미스는 '보이지 않는 손'이라는 메커니즘으로 상반될 수밖에 없는 개인의 이익이 모여서 어떻게 전체 부가 증가할 수 있는지 설명했다. 그는 기업가, 농부, 소비자, 즉 모든 경제 주체에게 주어진 경제적 자유가 역설적이게도 경제라는 기계를 돌아가게 만드는 이상적인 연료라고 주장했다.

기적의 이론일까? 꼭 그렇지만은 않다. 스미스가 경제적 자유주의의 수호성인으로 거듭난 것은 그 이유를 설명해 냈기 때문이다. 그는 현대 자본주의 체제의 바탕을 이루는 생산성의 원천을 분업에서 찾았다.

스미스는 농부, 장인, 초기 상인과 산업가(부르주아), 경제 주체와 토지 소유자(주로 귀족)가 각자 가장 잘 만들 줄 알고 가장 낮은 비용이 드는 것을 생산한다고 봤다. 스스로 만들 줄 모르는 것은 혼자서 만들려면 비용이 매우 많이 들기 때문에 아예 구입한다. 예를 들어, 농부는 구두장이에게 밀을 팔고 그 대신 구두를 산다. 농부가 구두를 만들거나 구두장이가 밀을 기르는 것은 비효율적이다. 스미스는 만족을 추구하는 주체들 사이에서 이루어지는 교환은 모순적이지만 동시에 가장 이상적이라고 주장했다. 수천 명의 이기적 개인 사이에서 분배되는 경제적 소임이 기적처럼 균형을 이루어 모두가 만족한다는 것이다.

당연한 소리라고? 프랑스 대혁명 직전에 이런 주장은 가히 혁명적이었다. 그때까지 경제 주체의 행위는 신의 뜻을 반영하는 것이었고, 여기에 아무도 토를 달지 않았다. 그런데 스미스는 한 국가의 부가 국민의 조율되지 않은(때로는 반목하는) 욕망에서 나온다고 했다. 그는 산업혁명의 요람인 영국에서 자신의 이론을 국제 무역에까지 확대 적용했다. 영국에서 자체 생산할 수 없는 상품을 해외에서 사들이고, 영국의 특산품을 해외에 판매해야 한다는 주장이었다. 그는 시민들처럼 국가들도 서로 잘 하는 것(절대 우위)이 달라서 전체적인 조화를 꾀하려면 걸림돌 없는 교환이 이루어져야 한다고 봤다.

알아두면 좋아요 핀 공장에서 탄생한 생산성

전 세계의 모든 고등학생이 대입 시험을 치르기 전 반드시 머릿속에 집어넣어야 할 핀 공장의 예는 보이지 않는 손만큼이나 유명하다. 스미스는 열 명의 노동자를 고용한 작은 공장을 예로 들어 설명했다. 그는 노동자들이 각자 특정한 업무(쇠를 당기고, 맞추고, 자르고, 가는 작업)를 맡아서 하면 한 노동자가 핀 하나를 처음부터 끝까지 완성하는 것보다 1,000배나 생산량을 늘릴 수 있다고 주장했다. 아직 이론일 뿐이었지만, 생산성의 개념은 이렇게 탄생했다.

스미스의 업적은 엄청나지만 그 역시 구체제의 철학자였다. 그는 산업 혁명의 영향력도, 산업 혁명의 폐해에 맞서려는 사회 세력의 출현도 가늠하지 못했다. 어느 날 저녁에는 같은 영국인이면서 증기 기관을 발명한 제임스 와트에게 자신의 이론이 아무 짝에도 쓸모없다고 털어놓기도 했다.

《국부론》은 이상향을 말한다. 아무런 제약이 없는 조건에서 시장의 메커니즘은 점진적으로 인류에게 행복을 가져다줄 수 있다고 본다. 그러나 조심성 없는 철학자인 스미스는 100여 년 뒤 자신이 말한 핀 공장이 맨체스터 노동자의 영안실이 될 줄 몰랐다. 컨베이어 생산 방식, 3교대 근무, 반복적 업무, 직장 우울증 등 기계화되고 분업화된 노동의 폐해는 21세기인 지금까지 계속되고 있다.

채찍을 든 작업반장이 사라지고 사회 보장 제도가 도입되어 현대 노동자의 한숨이 줄어든 것은 사실이다. 그러나 스미스의 또 다른 도그마인 재화 생산의 지속적 증가는 기업이 마케팅을 우선시하고 텔레비전이나 세탁기의 노후화를 획책하게 만드는 결과를 가져왔다(새 가전제품이 에이에스 보장 기간이 끝나는 2년 뒤에 정확히 고장 나는 이유는 뭘까?).

시장 경제의 일상적인 병폐 중 많은 부분이 어찌 보면 경솔한 스미스의 탓 아닐까.

애덤 스미스의 엉뚱함은 당대의 전설이었다. 어느 날 사람들은 그가 잠옷 차림으로 집에서 나오는 것을 보았다. 그는 깊은 생각에 잠겨서 25킬로미터나 걸어간 뒤에야 정신을 차렸다고 한다. 또 한 번은 동료와 철학적 문제를 논하다가 앞을 못 보고 구덩이에 쏙 빠졌다. 그런가 하면 버터 바른 빵을 차에 적셔 먹기도 했다. 상업 시대가 꽃피기 직전 몇몇 상점에서 애덤 스미스의 미니어처를 만들어 팔았던 것도 이해할 만하다.

📖 《국부의 본질과 원천에 대한 탐구》(1776)

토머스 R. 맬서스 THOMAS R. MALTHUS
1766~1834

과잉 인구의 대천사장

인구 증가에 대한 그의 예언은 지금도 두렵다

맬서스의 삶

목사 출신인 토머스 로버트 맬서스의 이론은 사람들의 머릿속에 깊숙이 각인돼서 그의 이름과 함께 후세에 전해졌다. '맬서스주의'는 대규모 인구 증가에 대한 경고의 동의어로 사전에 등재되었다. 그러나 그렇게 되기까지 그가 치른 대가는 매우 컸다. 어떤 경제학자, 철학자, 사상가도 그만큼 많은 비난과 조롱을 받지 않았을 정도로 맬서스는 사회과학의 영원한 천덕꾸러기가 되어 버렸다.

맬서스는 1766년 영국 서리 주의 길퍼드 근교에서 괴짜 학자였던 대니얼 맬서스의 아들로 태어났다. 대니얼 맬서스는 루소의 친구이자 흄의 경쟁자였다. 맬서스는 아버지가 흄에게 맞서면서 펼친 반론을 탁월하게 분석한 글로 아버지를 놀라게 했다. 그 글이 맬서스의 역작인 《인구론》이다. 맬서스는 지속적인 발전과 미래의 행복을 확신하던 (자신의 아버지와) 루소의 제자들을 뒤흔드는 데도 성공했다.

그의 불길한 예언은 무슨 내용이었을까? 그는 인구 증가가 인류를 파멸로 몰아갈 것이며 그것을 피할 방법은 없다고 주장했다. 한마디로 말하면, 산아 제한 없이 자식을 낳는 바람에 신이 선물로 준 지구의 자원을 모조리 써 버릴 것이라는 말. 헐! 사람들은 맬서스의 책을 읽고 토론했다. 그들은 맬서스를 비판하고 비방했을 뿐 아니라 인구학이라는 저주받은 학문을 창시한 업적도 알아주지 않았다.

미래에 대한 비관적 전망 때문인지 맬서스의 생애는 잘 알려지지 않았다. 그는 영국 동인도 회사가 설립한 대학에서 학생들을 가르치면서 평생 경제학자라는 직업을 가졌던 최초의 사상가이다.

토머스 R. 맬서스

맬서스의 이론

청년 맬서스의 주장은 매우 빠르게 퍼졌다. 그의 이론이 아주 단순한 계산을 바탕으로 했기 때문이다.

그의 주장은 생존 수단(식량)은 산술급수적으로 증가(1, 2, 3, 4…)하는 데 반해 인구는 기하급수적으로 증가(1, 2, 4, 8, 16…)한다는 간단한 이론이다. 인간은 성적 욕망 때문에 25년마다 인구를 두 배씩 증가시키고, 아담과 이브의 자손들은 대규모 기아와 식량 위기 때문에 종말을 피할 수 없게 된다.

자식이 셋이나 있었던 걸 보면 맬서스도 이 문제를 피해 갈 수 없었던 모양이다. 그는 기아와 전쟁이 없다면 남녀 한 쌍이 태양계 전체를 가득 채울 만큼 자손을 퍼뜨릴 수 있다고 주장했다.

그래서 그의 결론은? 피임과 정절을 국가 정책으로 삼아야 한다. 그리고 자선 활동을 지나치게 권장하지 않는 게 좋겠다. 가난한 사람들이 분에 넘치는 도움을 받으면 자식을 더 낳으려 할 게 빤하기 때문이다. 맬서

스가 생각한 이 친절한 조언의 우선적 대상은 물론 서민층이었다.

이렇게까지 해 놓고 평판이 나쁘다고 불평하기는 힘든 법!

맬서스의 실수

———

휴우! 다행히도 맬서스의 우울한 예언은 틀렸다. 만약 25년마다 인구가 두 배씩 증가한다는 그의 계산이 맞았더라면 19세기 초에 세계 인구가 10억 명이었으니 지금은 2,500억 명쯤 되었을 것이다.

애덤 스미스와 마찬가지로 맬서스도 미래를 예측하는 데 실패했다. 그는 서민층의 생활 수준이 점진적으로 개선되어 장기적으로는 가구당 자녀 수가 크게 줄어들 수 있다는 사실을 고려하지 못했다. 또한, 집약 농업이 이루어지고 잉여 농산물이 생길 것이라는 예측도 하지 못했다. 물론, 과잉 인구는 사람들이 오랫동안 두려워한 문제였다. 1960년대에도 제3 세계에서는 배를 곯다가 죽는 사람이 매일 1만 명이나 되었다.

지금도 인도나 나이지리아 같은 인구 대국은 인구 증가를 조절하지 못한다. 맬서스의 후계자들은 2050년에 세계 인구가 수백억 명에 이를 것이고, 이후에 급격하게 줄어들 것이라고 예상한다.

그렇다면 화성을 식민지로 삼을 필요는 없겠군.

📖 《인구론》(1798)

데이비드 리카도 DAVID RICARDO 1772~1823

국제 무역의 세일즈맨

그의 자유 무역 이론은 경제 세계화의 나침반이 되었다

리카도의 삶

주식 중개인, 하원 의원, 독학한 경제학자…. 데이비드 리카도는 고전학파 중 가장 고전적이지 않은 인물이다. 그의 이론은 지금까지도 활용되고 있으니 오히려 가장 현대적인 학자라 하겠다.

리카도는 1772년 런던에서 태어났다. 포르투갈 출신의 유대인 금융가 집안의 대가족(형제자매가 열다섯이었다!)에서 태어난 그는 홈스쿨링을 하다가 14세에 아버지를 따라서 주식 중개업에 뛰어들었다. 그는 훗날 워털루 전투에서 나폴레옹이 패하는 데 내기를 걸어 주식으로 큰 부자가 되었다.

경제학 서적이 거의 없던 시절, 리카도는 영국 바스 지방의 뜨끈한 온천에서《국부론》을 읽고 경제학에 눈을 떴다. 진보적인 신문 기자이자 하원 의원, 뛰어난 금융가로 눈코 뜰 새 없이 바빴지만 시간을 들여 감히 《국부론》에 대적할 역작 《정치경제학과 과세의 원리에 대하여》를 썼다. 이 책을 펴 보면 온통 외계어가 보이겠지만, 전문가들은 리카도가 당시 태동하던 국제 무역의 기본 원리와 경제학의 주요 개념을 훌륭하게 논했다고 입을 모은다. 리카도는 이 책에서 재화(또는 서비스)의 교환 가치는 그것을 생산하는 데 필요한 노동량과 같다며 노동 가치를 최초로 이론화했다.

권력자들의 고문 노릇을 하던 리카도는 51세에 세상을 떠났다. 열넷이나 되는 자식을 낳느라 기가 빨린 탓이었을까? 아니다. 사실은 중이염 때문이었다.

리카도의 이론

친구이자 경쟁자였던 맬서스와 평생 편지로 의견을 주고받은 리카도는 시장 경제의 미래에 대해 매우 비관적이었다. 리카도가 보기에 세계를 가장 위협하는 것은 과잉 인구가 아니라 지대(地代)였다. 지주(귀족)는 푹신푹신한 소파에 편안히 앉아 지대를 받고, 노동자는 노동의 대가로 임금를 받고, 기업(자본가)은 투자의 대가로 이윤를 챙겼다. 지주, 노동자, 자본가의 공생이 만들어 낸 영국의 꽉 막힌 사회 체계 속에서 리카도는 노동자와 기업이 지주의 횡포에 희생당하고 있다고 보았다. 신문이나 보고 지대나 받아먹는 지주들 사이에는 별 경쟁이 없었지만, 극심한 경쟁을 겪는 자본가의 이윤은 오히려 줄어드는 역설적인 상황이 벌

어졌다. 어떻게 이 문제를 해결할 수 있을까? 리카도는 국경을 개방하고 값싼 곡물을 수입하여 지주들의 돈으로 자본가들을 살리는 것, 다시 말해 투자를 촉진하고 기술을 발전시켜 국가의 부를 보장(성장)하는 것이 옳다고 주장했다.

이렇게 세계화가 이루어지면 모든 국가는 다른 나라와 비교해 가장 유리한 경제 활동에 특화하는 편이 좋다.

이 개념이 바로 '비교 우위'이다. 예를 들어, 영국은 포르투갈에 셔츠를 수출하고 포르투갈은 와인에 특화해서 서로 맞바꾸면 된다. 와인도 만들고 셔츠까지 몇 벌 만드느니 영국에서 대량의 셔츠를 한꺼번에 사들이는 편이 낫기 때문이다.

여기까지 모두 이해했나? 리카도와 함께 경제학은 진정한 학문으로 발전했다.

데이비드 리카도 in

자유 무역

국경을 개방하는 데 모두 동의하죠? 두고 보세요. 간단하고 현대적일 겁니다.

영국은 옷을 잘 만들고 와인은 못 만들죠. 포르투갈은 반대고요. 그러니까 샥! 바꾸면 됩니다![*]

그러니까 지금 영국 와인이 형편없다는 말씀입니까?

앗, 아닙니다.

그게…

너무하네.

인정할 건 인정해야지. 형편없잖소.

뭐? 형편없어?

그것도 좋게 말한 거야.

셔츠 한 장 제대로 만들 줄 모르면서 입이나 다물고 계시지!

트위드 정장 입으니까 미남이라도 된 줄 아셔?

얘들 이러세요. 참으세요.

야, 트위드 정장이 웃겠다. 촌뜨기 주제에!

자유 무역에 대해서 다시 얘기하면 안 될까요.

떡!

야, 넌 잠자코 있어!

우헤헤! 잘했어! 마침 지겨워 미칠 지경이었는데 딸이야.

어디 가서 와인이나 한잔 하자고!

리카도의 실수

영국의 귀족은 놀고먹으면서 뻔뻔스럽게 지대를 꼬박꼬박 챙기는 일을 오래전에 관뒀다. 다른 유럽 국가들 역시 비슷한 상황이며, 노동자와 기업은 더 이상 예선처럼 착취당하지 않는다. 그러나 리카도의 이론은 오늘날까지도 살아남았다. 심술궂은 지주가 여전히 국가의 보호를 받으며 존속하고 있다고 봤기 때문이다. 자유주의 성향의 경제학자들은 나프탈렌 냄새를 풍기며 관 속에 들어가 있던 리카도를 끌어내어 영웅으로 삼고는 지대가 여전히 존재한다는 사실을 믿게 만들었다. 지대가 이자로 바뀌었을 뿐이다!

기업 임원들이 세금을 교묘하게 회피하기 위한 조세 피난처부터 연금 수령자를 위한 법 제도(공무원 연금 제도), 제약회사와 택시** 등 온갖 종류의 독점에 이르기까지 오늘날의 지대는 헤아릴 수 없이 많다.

리카도학파는 선진국이 지난 30년 동안 쌓은 공공 부채마저도 일종의 지대가 경제를 병들게 한 바이러스로 변한 것이라고 생각한다. 정부 부채가 워낙 많을 뿐만 아니라 빚을 지고 살아도 괜찮다는 지주의 마음을 갖게 만들기 때문이다.

---

* 리카도는 포르투갈이 영국보다 와인과 옷을 둘 다 잘 만드는 예로 비교 우위 개념을 설명했다. 즉, 영국이 옷을 생산해야 하는 이유는 포르투갈보다 잘 만들기 때문이 아니라 와인을 만드는 것보다는 상대적으로 낫기(덜 못하기) 때문이다. 그러므로 엄밀하게 말하면 만화의 설명과 리카도의 개념에는 차이가 있다.
** 프랑스에서는 몇몇 업체가 택시 산업을 독점하고 있어 운행하는 택시의 수도 적고 택시 기사의 횡포도 심한 편이다.

데이비드 리카도

워워, 이제 그만, 리카도! 그는 애덤 스미스와 마찬가지로 현대식으로 버무린 자유 무역에 대한 맹목적 믿음을 상징한다. 국경의 개방, 즐거운 세계화, 시장의 규제 완화…. 비교 우위가 아무리 현대적인 개념이어도 만병통치약은 아니다. 그렇다면 리카도가 남긴 유산은 무엇인가? 생산 시설 이전, 공장 폐쇄, 은행 간 불균형, 유해한 금융 상품 등이다.

> 앗, 리카도에게 이런 일이?

성공 가도를 달렸지만 수줍음이 많았던 리카도는 자신의 생각을 국민의 대표들과 나누기 위해 1819년에 돈을 주고 하원 의석을 샀다. 놀라지 마시길. 당시에는 그런 일이 흔했다. 그는 유권자가 23명밖에 안되는 아일랜드의 포탈링턴이라는 코딱지만 한 선거구를 샀는데 평생 단 한 번도 이곳에 발을 들이지 않았다.

📖 《정치경제학과 과세의 원리에 대하여》(1817)

장 바티스트 세 JEAN-BAPTISTE SAY
1767~1832

1인 기업의 영웅

세의 공급의 법칙은 끈질긴 생명력을 자랑하는 헛소리

세 의 삶

드디어 고전학파의 첫 프랑스인을 소개할 차례이다. 하지만 안심하시길. 그가 1767년에 프랑스 리옹에서 태어난 건 맞지만 애덤 스미스와 데이비드 리카도의 나라에서 유학한 덕분에 영어를 유창하게 구사했고 영국의 사상가들만 맹신했으니 말이다. 면화 무역으로 큰돈을 번 진보적인 사업가의 아들로 태어났으니 어찌 보면 당연한 일이다. 그는 사람들의 머리가 단두대에서 낙엽 떨어지듯 잘려 나가던 혁명기에도 살아남았다. 장 바티스트 세는 생존을 위해 보험 설계사, 군인, 기자, 교사, 정치인 등 여러 직업을 전전했다.

그는 극작가로도 변신했다가 형인 루이 세를 따라 제1 제정 때 사업에 뛰어들었다. 프랑스 북부에서 한동안 방적 공장을 운영하다가 파리로 복귀한 뒤에는 우아한 경제학 교수의 옷으로 갈아입었다. 아마 그는 프랑스 최초의 경제학 교수였을 것이다. 프랑스 최초의 비즈니스 스쿨인 ESCP Europe의 설립에 참여했고, 콜레주 드 프랑스에서 처음으로 경제학 강의를 맡았다.

평생 동안 그가 가졌던 수많은 직위와 직업을 보면 그의 판로의 법칙이 역사에 길이 남은 것도 놀랍지 않다.

세의 이론

장 바티스트 세는 한동안 잊혔다가 20세기 후반에 재조명되었다. 기업가를 경제 최대 동력으로 본 최초의 경제학자였기 때문이다. 경제사상사에 기여한 세의 공급의 법칙(판로의 법칙)은 사실 매우 단순하다. 시장에 나온 재화나 서비스는 반드시 구매자를 만나게 된다는 것이다.

이런 기적이 일어나는 이유는 두 가지이다. 첫째, 인간의 욕구·쾌락·물건에 대한 집착은 끝을 모른다. 둘째, 그것을 충족시키는 데 드는 비용은 다른 경제 주체의 무한한 소득이 된다.

'공급은 반드시 수요를 낳고 수요는 무한정하다.'는 그의 추론은 솔직히 말하면 살짝 사기 냄새가 난다. 그는 자본주의 체제에서 과잉 생산으로 인한 위기는 불가능하다고 주장했다. 스승인 애덤 스미스가 그랬듯이 경제란 성장할 수밖에 없다고 믿었다.

세의 실수

세는 살아생전 사방에서 공격을 받는 쾌거를 이루었다. 고전학파 동료들도 세의 이론은 말이 되지 않는다고 했다. 기업가 한 명만 놓고 봐도 자신이 번 돈을 모두 투자에 다시 사용하는 것은 아니다. 상식적으로 생각해도 그렇지만, 현대 경제학자들은 세가 경제 메커니즘에 큰 영향을 미치는 화폐의 역할을 간과했다고 평가한다.[*]

그러나 세는 시장의 역학을 굳건히 믿었고 생산을 촉진시키는 기폭제로서 기업가의 역할에 주목한 최초의 학자였다.

- 세의 법칙이 성립하려면 모든 사람이 일정 기간 내에 소득을 전부 지출해야 한다. 그러나 화폐(돈)는 가치 저장 수단이기도 하므로 사람들이 반드시 지출할 필요는 없다. 예를 들어, 경기가 안 좋을 때 사람들은 불안에 대비하기 위해 가능한 한 돈을 쓰지 않으려 할 것이다. 그러면 공급에 비해 수요가 적은 상태가 지속될 수 있다.

장 바티스트 세는 '혁명기의 베르나르 타피*'를 추종하다가 프랑스의 가장 유명한 자유주의 경제학자가 될 기회를 놓칠 뻔했다. 1792년, 제정의 붕괴에 환호했던 청년 세는 제네바의 은행가이자 훗날 최초의 경제부 장관이 될 에티엔 클라비에르의 비서실장으로 발탁되었다. 문제는 클라비에르가 투기꾼이었다는 점이다. 그는 외국 정부에 매수당한 스파이가 틀림없었다. 그는 파산한 프랑스 재정을 구하겠다고 아시냐(Assignat)**를 발행하면서 자기가 쓸 위조지폐까지 찍어 냈다. 결국, 프랑스는 심각한 인플레이션에 빠졌고 충격에 빠진 세는 멘토가 추락하기 직전 가까스로 정치에서 발을 뺐다.

📖 《정치경제학 개론 혹은 부의 형성과 분배, 소비 양식에 대한 설명》(1803)

- 도시부 장관, 올랭피크 드 마르세유 구단주, 아디다스 소유주 등 막대한 부와 권력을 가졌으나 스캔들이 끊이지 않아 프랑스 사회에서 부정부패와 기회주의자의 전형으로 통한다.
- 프랑스 혁명 정부가 국유화한 토지를 담보로 발행한 공채다. 토지 어음의 남발로 태환이 어려워지면서 심각한 인플레이션을 유발했다.

프레데릭 바스티아 FRÉDÉRIC BASTIAT 1801~1850

관세 철폐자

신랄한 펜 끝으로 자유 무역주의를 정책으로 끌어올리다

바스티아의 삶

또 한 명의 프랑스 경제학자인 프레데릭 바스티아는 49세라는 이른 나이로 세상을 떠나기 전까지 겨우 6년 동안 학문의 나래를 펼쳤다. 영국인들은 왜 그를 슈퍼 경제학자 클럽에서 제명시키지 않았을까? 그것은 그가 (경제학에) 유머를 도입했기 때문이 틀림없다!

1801년, 프랑스 바욘 지방의 부유한 농기업 가문에서 태어난 바스티아는 가업이 기울어 정치판에 뛰어들 형편이 아니었다면 아마 지역 유지로 평생을 지루하게 보냈을 것이다. 국회의원이 된 그는 세기말의 유명 논객으로 이름을 떨쳤다. 동시대의 경제학자들이 생각했던 것과 비슷한 몇 가지 개념을 고안해 낸 것도 이때의 일이다.

안타깝게도 결핵이라는 놈이 그 개념의 발전을 가로막았다.

자유로운 영혼을 품었던 바스티아는 자유 무역주의를 발전시키려는 열망에 휩싸여 모든 무역 장벽과 관세를 비웃었다. 관세청, 정책 결정자, 의원을 비빙하는 그의 풍사분은 스코틀랜드에까지 파장을 미쳤다. 바스티아는 태양을 불공정 경쟁으로 고발한 양초업자들의 유명한 청원서°를 공개했다. 여기에는 양초 수입세 인상에 대한 항의의 의미가 담겨 있었다. 성공을 거둔 그는 이것저것 요구가 많은 노동자부터 개혁을 주장하는 사회주의자까지 신문에다가 까대지 않은 사람이 없었다. 오직 국왕만이 예외였다. 나대는 것에도 한계가 있으니!

그는 마음껏 즐거움을 누렸으나 그 즐거움은 오래가지 않았다.

● 태양의 부당한 경쟁으로 양초업자들이 고통을 겪고 있기 때문에 정부가 태양을 가리는 규제를 도입하면 양초업자들이 살아남을 수 있다는 주장이다. 바스티아는 이러한 풍자를 통해 보호 무역의 무효함을 알리려고 했다.

바스티아의 실수

논객 바스티아에게는 이론가 바스티아로 거듭날 시간이 모자랐다. 초기 고전학파가 수요보다 공급에 중점을 뒀던 데 반해, 바스티아는 생산자 대신 소비자의 관점을 현대적으로 고찰하기 시작했다. 교육 등 생산을 이루는 비물질적 요소에도 100여 년이나 먼저 관심을 가졌다.

그러나 바스티아는 경제학자보다 개인의 자유를 중시한 순수 철학자로 역사에 남았다.

📖 《경제 역설》(1845)

존 스튜어트 밀 JOHN STUART MILL 1806~1873

물렁한 좌파의 시조

낯가림 심한 천재, 한 세기 앞서 복지 국가를 이론화하다

경제사상사에 특별한 발전을 가져오진 않았지만 밀이 천재이며 초인으로 인정받는 데는 다소 복잡한 사연이 있다.

1806년 런던에서 태어난 존 스튜어트 밀은 최초의 경제학자 중 한 명인 제임스 밀의 아들이다. 제임스 밀은 맬서스와 리카도의 친구이며 경쟁자였다. 어린 밀은 아버지의 철저한 교육 방침에 따라 3세에 그리스어를, 7세에 라틴어를 배웠고, 위대한 고대 작가들을 모조리 섭렵한 다음에는 대수학과 기하학까지 다루어야 했다. 그는 12세에 《로마의 역사》를 썼고(아버지에게 크리스마스 선물로 주려고 했던 걸까?), 홉스와 같은 동시대 작가들의 저서도 탐독했다. 요컨대 구슬치기나 병원 놀이 대신 소크라테스 이후 축적된 인류의 지식 대부분을 소화했다고 할 수 있다.

존 스튜어트 밀
in

어느 햇살 가득한 날에

그 바람에 스무 살이 된 그는 행복 대신 심각한 우울증을 얻었다.

하지만 다행히도 정치경제학 저서들이 그를 구원했다. 정치경제학은 떠오르는 학문이었다. 밀은 고전학파의 업적에 새로운 이론을 보태기보다는 영리하게도 19세기 중반의 경제학 지식, 즉 고전학파(특히 리카도)와 최초의 사회주의 이론을 종합하여 깔끔하게 정리해 냈다. 《정치경제학 원리》는 19세기의 대형 베스트셀러가 되었고, 그 덕분에 밀은 유명세를 얻었다. 그리고 젊은 시절 사랑했던 해리엇과 1851년에 드디어 결혼에 골인했다.*

1848년 전후로 감돌던 혁명의 기운이 45세의 새신랑에게 이론에서 실전으로 넘어갈 수 있는 힘을 주었기를 신부를 위해 빌어 본다.

밀의 이론

밀은 복지 국가라는 개념이 탄생하기 100여 년 전에 경쟁과 연대를 동시에 고려한 경제 체제를 주장했다. 그는 자유주의가 최고의 경제 체제이긴 하지만, 불가피하게 발생하는 불평등은 국가가 법을 통해 반드시 완화해야 한다고 했다. 그는 당시 태동하던 협동조합 운동을 지원하거나 상속세를 도입하는 등 새로운 세금 수단(고문 도구?)을 사용하도록 국가에 권고했다.

---

* 밀은 젊은 시절에 알게 된 유부녀 해리엇 테일러와 오랫동안 정신적 사랑 관계를 유지하다가 그녀의 남편이 죽은 뒤에 결혼했다.

밀은 자신의 지식에 갇혀 책 먼지를 뒤집어쓴 학자였고 애덤 스미스만큼 금욕적이었다. 그러나 이론적으로는 19세기를 통틀어 가장 진보적인 인물이었다. 여성 운동가 이전의 여성 운동가, 환경 운동가 이전의 환경 운동가, (물렁한) 현대 좌파 이전의 사회민주주의자였다. 밀은 맹목적인 경제 성장에 회의를 품고 합리적인 성장 원리를 논했던 최초의 경제학자이기도 했다.

한마디로 말하면, 밀은 모두에게 기쁨을 선사했다. 탁월하게!

밀 의 실 수

밀은 시대를 크게 앞서갔고 많은 희망을 주었다. 그러나 미래를 내다보는 그의 능력은 현재를 직시하는 능력을 약화했다. 나폴레옹 이후의 유럽에서는 이윤 생산자(산업 자본가)와 도시 공장에 일자리를 찾아 몰려든 대중(공장 노동자) 사이에 잠재되어 있던 전쟁이 막 시작되려 했다. 때는 바야흐로 노동 계급이 권리를 주장하고 더 나아가 힘의 관계를 구축해 나가는 시기였다. 카를 마르크스라는 자가 《공산당 선언》을 《정치경제학 원리》와 같은 해에 출간하기도 했다.

밀이 서재에서 나와 좀 돌아다녀야 했던 것은 아닐까?

📖 《정치경제학 원리》(1848)

프리드리히 리스트 FRIEDRICH LIST
1789~1846

일시적 보호주의를 제창한 비스마르크

시류를 거스르고 독일의 경제적 고립을 꾀하다

리스트의 삶

유럽의 지성들이 자유 무역의 이점과 국경 개방의 매력에 대해 논할 때 독일에서 가난한 노동자가 나타났다. 그는 많은 사람이 주목하는 경제학자로 신분 상승을 이루었고 독일의 빗장을 걸어 잠글 정도로 큰 영향력을 발휘했다.

1789년 로이틀링겐(바덴뷔르템베르크 주의 도시)에서 무두장이의 아들로 태어난 리스트는 가족 기업에서 일을 시작하여 공무원, 경제학 교수, 사업가로 변신했다가 의회로 진출했다. 군주제 폐지를 주장하다가 추방되어 미국으로 망명해 작가가 되었고, 다시 사업을 하다가 미국 영사가 되어 라이프치히로 발령을 받고 정치인으로 활발하게 활동했지만 결국엔 자살로 생을 마감했다.

그의 위대한 작품은 집착 그 자체였던 모양이다. 자유 무역이 독일의 몇몇 주(아직 독일이 생기기 전이었다.)를 영국의 식민지로 만들고 있는데도 자유 무역을 계속해서 옹호하는 고전학파 경제학자들을 격렬히 비판했기 때문이다. 리스트는 1834년에 프로이센, 작센, 바이에른이 참여한 관세 동맹인 졸페라인(Zollverein)을 창시했다. 이들 3개 주는 공동 화폐를 사용했고 영국 상품에 터무니없이 높은 세금을 매겼다. 그럼에도 그를 유럽 연합(EU)의 아버지로 기억해 주지 않다니!

리스트의 이론

독일에서 태어나 미국인이 된 리스트의 임무는 명확했다. 영국인들, 특히 영국의 경제학자들이 자유 무역을 옹호한 이유는 눈부시게 발전한 영국의 산업이 국제 경쟁에서 우위를 차지할 수 있었기 때문이다. 따라서 독일의 신생 주들에는 국경을 개방할 이유가 없었고 오히려 영국의 발전 속도를 따라잡을 때까지 국경을 폐쇄해야 했다.

리스트는 졸페라인과 철도 건설(오늘날의 독일 국영 철도 도이체반)을 통해 경제학자로서 꿈을 이루었다. 이것은 결코 하찮은 일이 아니었다. 리스트의 이론에 따르면, 국가는 경쟁의 바다로 뛰어들기 전에 자국의 산업이 현대적인 수준에 도달할 수 있도록 적극적으로 개입해야 했다.

150년 전에 효력을 발휘했던 일시적 보호주의 이데올로기는 오늘날에도 여전히 설득력을 갖고 있다.

리스트의 실수

범게르만주의를 주장한 고집쟁이로 오랫동안 여겨졌던 리스트는 유럽에서 보호 무역주의가 다시 고개를 들기 훨씬 이전에 재조명되었다. 리스트는 자유 무역이 같은 수준의 경쟁자들, 즉 동일한 발전 단계에 있는 국가들 사이에서 이루어진다면 도움이 된다고 인정하기도 했다.

문제는 20세기 개발 도상국(독일은 19세기)에나 리스트의 이론을 적용할 수 있다는 것이다. 대부분의 국가가 무역을 통해 일정한 이익을

얻는 세계화 시대에 보호주의는 어울리지 않는다.

그러나 리스트가 주는 교훈이 있다. 오늘날의 유럽으로서는 보호주의의 유혹에 굴복해 '재개발 산업 국가*'라는 새로운 분류에 속하는 것이 최선의 선택 아닐까?

📖 《정치경제학의 국민적 체계》(1841)

• 경제적 활력을 잃은 유럽이 보호 무역을 통해 다시 발전하여 산업 국가가 되는 게 낫겠다는 지은이의 냉소적 유머.

로버트 오언 ROBERT OWEN
1771~1858

초기 사회주의의 소외자

가난한 사람들을 '생산적'으로 만들기 위해 재산을 쏟아붓다

오언의 삶

천재 밀이 연인 해리엇에게 빠져 있던 그 시절, 로버트 오언은 아동 노동을 철폐했다. 그는 사람들을 가장 놀라게 해 놓고도 잊힌 최초의 공상적 사회주의자였다. 백만장자였던 그는 화폐를 폐지하자는 운동을 벌이기도 했다.

오언은 1771년에 웨일스에서 대장장이의 아들로 태어났다. 그의 경력은 다채롭다. 9세에 견습공으로 직물 공장에 들어갔다가 18세에는 작은 직물 공장을 소유하게 되었다. 20세 때는 맨체스터의 대형 방직 공장에서 공장장으로 일하다가 6개월 만에 방직 공장의 주주가 되었다. 스코틀랜드 중부의 뉴래너크 공장 지대에서 유망한 젊은 사업가로 부상한 오언은 그 일대에 대토지를 소유한 사업가의 딸과 결혼(일종의 스

카우트 비용이랄까?)했다.

　리카도, 세, 리스트처럼 오언도 처음에는 재능 있는 사업가, 즉 부자였다. 그러나 그는 자선가로도 국제적 명성을 날렸다. 당시로는 드물게 정기적으로 임금을 올려 주었고, 매우 효과적인 경영 기법으로 여겨지던 공장 내 체벌을 금지했다. 노동자에게 깨끗한 집을 제공하고 술을 마시지 못하게 했는가 하면 아이들을 조립 라인이 아닌 학교로 보내서 화제가 되었다. 그는 거기에서 멈추지 않고 전 세계적으로 뜨거운 논쟁

거리였던 복지 실험을 실시했다. 빈곤은 자본주의와 반드시 공존하지 않으며 협동조합을 통해 노동자가 단결하면 빈곤을 퇴치할 수 있다고 굳게 믿었다.

그는 신념을 실현하는 데 재산 대부분을 쏟아부었지만 계획이 수포기 되자 고향으로 돌아갔다. 그런데 기묘한 운명의 장난이었는지 곧 그는 영국 노동조합주의의 상징으로 떠올랐다. 리카도를 비롯한 지식인들은 그를 경멸했지만, 노동자 계급의 지도자들은 그의 괴상야릇한 사상에 대해 열심히 토론했던 것이다.

공상적 자본가였던 오언은 1834년에 영국 노동 운동의 시초가 된 전국 노동조합 대연합(Grand National Consolidated Trades Union)을 창설했다. 여기에서 모든 것이 다시 시작되었다. 오언은 화폐 폐지를 주장했고 영국 왕실에 협동조합을 재정적으로 지원해 달라고 요구했다. 또한, 파업권을 얻기 위해 투쟁했다. 영국 사회에 잔소리를 해 대던 그는 여든일곱 살의 나이로 세상을 떠났다.

오언의 이론

오언은 기업가보다 경제 이론가로 인정받기를 바랐다. 이미 사업에 성공한 뒤였으니 그랬던 것이 아닐까. 그의 사상은 당시로서는 혁명적이었다. 영국이 한창 골머리를 앓던 사회 문제를 나폴레옹 전쟁 탓으로 돌리는 사람들도 있었지만, 오언은 그것이 노동자와 사용자 간에 벌어진 내부 투쟁의 결과라고 주장했다. 사용자는 임금을 충분히 지불하지

로버트 오언
in

이건 정말
아니잖아

처음 의도는 좋았다. 빈곤을 퇴치하고 갈등을 줄이고 싶었다. 나는 가난, 배고픔, 미움이 없는 이상적인 사회를 꿈꿨다.

내 사업을 하고 싶었으나 뭘 몰라도 한참 몰랐지. 노동 조건을 개선하고 노동자들에게 더 많은 권리를 주고 싶었다.

처음에는 성공하는 듯했다. 하지만 열정은 금방 무질서로 변했다. 나는 조금씩 통제력을 잃었다.

노동자들은 항상 더 많은 권리와 돈을 요구했다. 일도 하지 않고 말도 듣지 않았다.

내 생각이 틀렸던 걸까? 사회 정의를 바로 세울 수 있다고 믿었던 내가 잘못일까? 나 때문에 노동자들은 구제 불능이 됐다. 나는 이제 도망갈 구멍을 찾아야 한다.

이봐! 찾았어! 창고에 숨어 있다고!

사장님 만세!

않았고 노동자는 능률적으로 일하지 않았으니 노사 간의 갈등은 당연했다.

이 골칫거리를 해결하기 위해 성자 오언은 꼼수를 쓴다. 가난한 이들의 생산성을 높이면 어떨까? 어떻게 하냐고? 새로운 체계를 만들면 된다. 수백 명의 노동자가 각자의 방과 공동 식당을 가진 좋은 집에서 조화를 이루며 사는 '협동마을'을 만드는 것이다. 그곳에서 아이들은 학교에 다닐 수 있고 화폐는 최소한의 용도로만 사용될 것이다.

오언은 선한 사람들을 모으면 최고로 자본주의적인 공장보다 더 확실하게 부를 창출할 수 있다고 믿었다. 그는 미국 인디애나 주의 오지에서 실험을 감행했다. 수천 명의 이민자들에게 유토피아에 정착할 수 있는 자금을 대 주었다. 1826년 7월 4일, 정신적 독립을 선언하며 '뉴하모니'라는 마을이 만들어졌다. 그러나 이 마을은 2년 뒤에 문을 닫고 말았다.

오언은 사회적 변화를 원했지만 사회적 변화는 그를 원하지 않았던 모양이다.

오언의 실수

노동자에게 채찍질을 하던 시대에 몇 십 년이나 앞서 노동조합 체계의 기초를 다진 오언에게는 그의 사상을 지지해 줄 만한 세력이 없었다. 그러다 보니 그는 추락할 수밖에 없었고 그의 업적도 함께 무너졌다. 인간의 본성에 대한 믿음이 강했던 공상가 오언은 자신이 세운 반자본

로버트 오언

주의 캠프가 개인주의와 이기주의의 원심력에 의해 와해되리라는 걸 예상하지 못했다. 그 믿음이 얼마나 강했던지 실험을 시작하고 나서도 뉴하모니가 저절로 굴러가게 내버려 두었다. 조화로운 성장에 대한 확신이 있었기 때문이다.

인간에게 너무 많은 걸 기대한 게 아닐까?

📖《인간 본성의 법칙에 기초한 공동체의 복지 체계에 관한 중요한 제안》(1837)

샤를 푸리에 _{CHARLES FOURIER} 1772~1837

팔랑스테르의 무능력자

수천 명의 제자를 거느린 난폭한 미치광이

푸리에의 삶

동시대를 살았던 로버트 오언이 늘 흥분 상태였다면 샤를 푸리에는 아예 미치광이였다. 그럼에도 불구하고 푸리에는 이상주의적 사회주의 경제학자들 중에 가장 유명하다. 200년간 수만 명의 사람들이 팔랑스테르(Phalanstère)라는 이상적인 도시에서 푸리에의 가르침을 따랐다.

푸리에는 도무지 종잡을 수 없는 인물이다. 1772년 프랑스 브장송에서 태어난 그는 평생 형편없는 영업 사원으로 살았다. 결혼도 하지 않고 원예에 푹 빠져 지냈으며, 헛소리 같은 제목에 더 헛소리 같은 이론으로 가득한 책들을 마구 써냈다. 그보다 무미건조한 인생이 또 있을까.

게다가 마지막 10년 동안은 일주일에 한 번씩 텅 빈 의자를 마주하고 저녁 식사를 했다. 자신의 이론에 매료된 부유한 박애주의자가 반드시 나타날 것이라고 믿으면서 말이다.

그의 바람은 이루어지지 않았지만, 그는 사후에 명성을 얻었다.

푸리에의 이론

—

《가정적·농업적 사단론(社團論)》,《매력적·자연적 산업 방식의 발명 시리즈 - 산업적·조합적 신세계》,《역겹고 산발적인 가짜 산업과 그 해결책인 4배로 생산을 늘려주는 자연적이고 연합적이고 매력적이고 진실된 산업》등등.

책 제목들만 봐도 푸리에가 병적으로 이론을 폈음을 알 수 있다. 그래서 그런지 푸리에의 사상을 요약하는 일은 유대교 신비주의에 대한 입문서를 쓰는 것만큼이나 힘들다.

푸리에는 사회와 경제를 변화시키고자 했던 진정한 개혁가였다. 그가 인류의 모든 악을 물리칠 해법이라고 믿었던 일종의 전(前) 공산주의는 상당히 이상적이었다. 이것을 구체화한 것이 바로 팔랑스테르이다. 광활한 대지에서 자급자족하는 (오언의 뉴하모니와도 비슷한) 이 공동체는 중앙 집권화되고 효율적이며 교육적인 마을이다. 팔랑스테르에서는 구성원이 언제 어디에서 일하고, 공부하고, 먹고, 심지어 생식해야하는지 다 정해져 있다. 항상 자유가 주어져 있지만, 거래의 자유만은 금지된다.

우리의 영업 사원 푸리에가 가진 사고에는 상거래에 대한 혐오가 깔려 있었다. 자신을 뉴턴과 비교했던 푸리에 역시 사과를 보고 영감을 얻었다. 당시 파리의 레스토랑에서 파는 사과와 지방 시장에서 파는 사과 사이에는 100배의 가격 차가 났는데, 이를 보고는 인류가 자유 시장에서 벗어나 가격을 결정하는 (새로운) 경제 체제로 선회해야 한다는 결론을 내렸다. 노동력도 마찬가지이다. 자신의 깨달음을 진지하게 믿었던 시상가 푸리에는 집동사니 이론들 속에서 그나마 혁신적인 경제 개념을 몇 가지 탄생시켰다. 바스티아와 더불어 푸리에는 예술가의 '재능'처럼 생산에 '비물질적' 요소가 작용한다는 점을 고려한 최초의 경제학자 중 한 명이었다.

사를 푸리에

푸리에가 놀라운 명성을 누리게 된 것은 그로 인해 생겨난 수많은 공동체 생활 실험 때문이었다. 애석하게도 그 실험들은 푸리에의 사후에 이루어졌지만 말이다.

미국에는 한때 40여 개의 팔랑스테르가 있었다. 프랑스와 벨기에 브뤼셀의 팔랑스테르는 1960년대까지 명맥을 유지했다. 가장 유명한 팔랑스테르는 1858년에 프랑스 엔 주의 기스 지방에 만들어진 파밀리스테르(Familistère)였는데, 다양한 형태로 바뀌어 가면서 1968년까지 살아남았다.

> ### 앗, 푸리에에게 이런 일이?
>
> 개념화할 수 없는 것을 개념화하려 하고, 정작 본인도 갈피를 잡지 못하면서 분류에 분류를 거듭했던 푸리에는 어린아이에게 가장 더러운 일을 시켜야 한다는 주장을 했다. 팔랑스테르 구성원의 본성과 생산력을 일치시키기 위해서는(이론가의 편집증이기도 하다), 더러운 것을 재밌어 하는 아이들에게 하수구 청소나 동물 내장 닦기, 거름 옮기기를 시켜야 한다고 했다. 아무도 그와 저녁을 같이 먹지 않은 이유를 알 것 같다.

푸리에의 실수

역사상 가장 편집증적인 경제학자였던 푸리에는 온갖 분류에 빠져 허우적댔다. 그리고 마침내 그 수렁에 우리까지 끌어들였다. 오입쟁이 남편들을 70개 유형으로 분류한 이유는 뭘까? 인간의 자연 수명이 144세이고 투자의 정상적인 수익률이 30퍼센트라는 걸 계산해서 어디에 쓸까? 8만 년이라는 지구의 수명과 지구가 감당할 수 있는 팔랑스테르의 최적 수 298만 5,984개의 상관관계는 무엇인가?

푸리에의 가장 큰 실수는 인간의 본성에 전적으로 모순되는 분류를 강요한 것이다. 그것은 독신사 푸리에가 재능은 있지만 머리가 약간 돌았다는 증거다.

당시에 공상 과학 소설이 없었다는 게 유감이다. 그렇지 않았다면 푸리에가 19세기의 아이작 아시모프가 될 수도 있었을 텐데 말이다.

📖 《네 가지 운동과 일반적 운명에 대한 이론》(1808)

샤를 푸리에

카를 마르크스 KARL MARX 1818~1883

잉여 가치에 자아도취된 패륜아

2,500쪽의 책이 세상의 절반을 무릎 꿇리다

마르크스의 삶

———

런던의 누추한 방에서 평생 가난하게 살다 간 사나이가 있다. 그는 프로이센 귀족 출신인 아내를 비롯한 가족 전부를 빈곤의 나락으로 끌고 내려갔다. 그럼에도 불구하고 그는 세상 사람 절반을 자신 앞에 무릎 꿇렸다.

카를 마르크스, 투쟁의 이름. 공산주의의 정신적 아버지, 오늘날까지도 추앙받는 대표적 사회학자, 철학자이자 혁명적 경제학자였던 마르크스는 은연중에 전체주의를 부추겼던 점만 제외한다면 앞으로도 역사에 길이 남을 것이다.

마르크스는 애덤 스미스, 리카도, 케인스, 프리드먼과 함께 가장 영향력 있는 자본주의 분석가 5인에 속한다. 이 위대한 경제학자의 경력은 유명한 단짝 프리드리히 엥겔스를 만나면서 시작되었다. 1818년 독일 라인란트 지방의 트리어 시에서 태어난 마르크스는 턱수염을 기른 낭만적이고 열의에 찬 대학생에 지나지 않았다. 이 젊은이는 혁명주의적 관점에서 헤겔을 재해석하려 시도하고 있었다.

마르크스와 엥겔스 듀엣은 1844년 파리에서 결성되었다. 이 둘은 평생 서로의 곁을 지키면서 20세기 경제사상사에 결정적인 영향을 미쳤다. 마르크스는 낯빛처럼 마음도 어둡고 과묵하며 철두철미했다. 외로이 글을 쓰며 밤을 지새울 때가 많았고, 늘 가난에 시달렸다. 반면에 엥겔스는 키가 훤칠한 금발의 사나이였다. 부유한 집안에서 태어났고, 운동을 좋아했으며, 여러 언어에 능통했다. 음식과 삶이 주는 기쁨도 사랑했다. 마르크스주의를 만든 마르크스의 뒤에는 그의 자극제이자 후원자, 복음을 가져다준 구원자이자 많은 저서를 써낸 엥겔스가 있었다.

1848년, 마르크스와 엥겔스는《공산당 선언》을 발표했다. 이 책은 제목 그대로 정치적 입장을 발표하는 선전 포고였다. 그 후 35년간 이 마성의 듀엣은 마르크스의 이상을 실현할 방법을 강구했다.

우선, 그들은 혁명주의자, 무정부주의자, 유토피아적 사회주의자, 생디칼리스트* 들을 규합했다. 입에 칼을 물고** 언제든 시스템과 싸울 준비가 되어 있던 사람들은 국제 노동자 협회(제1인터내셔널) 아래 뭉쳤

---

* 정부를 부정하고 노동조합 중심의 활동을 통해 공산주의를 실현하려고 하는 혁명적 조합주의자.
** 20세기 초, 프랑스의 풍자만화가 아드리앙 바레르가 공산주의자를 입에 칼을 문 악마로 표현한 그림을 그린 뒤 공산주의자를 비꼬는 대표적 이미지가 되었다.

카를 마르크스

다. 이어서 이 듀엣은 성경에 비견될 만한 역작 《자본론》을 발표했다. 여러 편의 글을 묶어 놓은 것 이상의 가치를 지니는 책이었다. 현대 자본주의의 메커니즘을 과학적으로 해부한 마르크스의 방법론은 완벽했다. 이 책에서 마르크스와 엥겔스는 자본주의를 철저히 무찌르기 위해 완벽한 이론을 발전시켰다.

그러나 그 열정의 첫 희생자는 정작 마르크스 자신이 되었다. 수많은 밤을 글쓰기로 지새우느라 30년간 종기를 앓은 탓이었다.

마르크스의 이론

《자본론》은 고전학파의 핵심인 수요와 공급의 법칙을 건드리지 않는다. 독점, 노동조합, 국가의 개입도 그냥 지나간다. 이론적으로 따지면 모든 것은 제값에 팔리고, 자본가는 노동자의 노동을 제값에 산다.

이것이 바로 마르크스주의 이론의 악마 같은 계략이다. 자본주의를 경제계의 에덴동산으로 만든 뒤 거기에서 결점을 찾아내 치명타를 날렸기 때문이다. 그 치명타란 바로 마르크스주의의 위대한 발견인 잉여가치다. 마르크스는 자본가가 양심도 없이 노동자의 얇은 털외투의 털을 깎아서 얻은 (자본) 소득에 빗대 잉여 가치를 설명한다. 노동 시간을 조정해서 노동자가 의식도 하지 못하는 사이에 이런 일이 일어난다. 이런 속임수가 가능한 이유는 자본가가 토지, 공장 등의 생산 수단을 독점하기 때문이다.

자본가는 노동의 결과물인 제품을 판매할 뿐만 아니라 노동에 감춰진 일종의 십일조까지 거두어들여서 마치 흡혈귀처럼 이익을 챙긴다. 이런 식으로 자본가가 더 많은 자본을 축적하는 것은 스스로 못자리를 파는 일일 수밖에 없다. 마르크스는 이에 대해 복잡하지만 명쾌한 추론을 내놓는다. 자본가들이 너도나도 노동자를 고용하면 임금이 올라간다. 따라서 자본을 축적하려면 노동자를 전차 기계로 대체해야 하지만, 기계에서는 잉여 가치를 뽑아낼 수 없다.

결국, 시스템은 무너질 수밖에 없다. 이것이 그 유명한 '이윤율의 경향적 저하 법칙'이다. 이윤율이 계속 떨어지면 가난과 실업에 시달리던 대중은 몰락하는 질서를 전복시키고 프롤레타리아 독재를 시작한다.

카를 마르크스

19세기 후반, 주식 시장의 심각한 위기를 목도한 마르크스와 엥겔스는 곧 맞이할 위대한 밤을 기다리며 매일 밤 잠자리에 들었다.

마르크스의 실수

마르크스주의는, 자본주의의 종말이라는 반박할 수 없는 결론을 도출해 낸 매우 아름다운 지적 장치이다. 그러나 마르크스와 엥겔스는 이론적으로 매우 치명적인 실수를 하나 저질렀다. 자본주의를 무너뜨리기 위해 가장 완벽한 자본주의를 분석하면서 사회의 진보를 고려하지 않은 것이다.

마르크스와 엥겔스가 투쟁을 시작한 1848년은 유럽의 혁명기였다. 이때부터 이들이 프롤레타리아 독재의 전조라고 믿은 파리 코뮌 사이에 노동 시간이 줄고 임금이 나아지는 변화가 생겼다. 이윤율의 경향적 저하 법칙을 그대로 믿는다면, 자본가가 《자본론》과는 다른 길을 걸은 것이 된다. 자본가들은 기계에 투자해서 대량 실업을 초래하고 자멸의 조건을 갖추는 대신 이윤을 줄이고 기술 발전을 꾀해서 프롤레타리아 고객을 새롭게 유치했다. 마르크스는 노동 계급의 부르주아화를 예상하지 못했다.

누가 마르크스주의의 분석이 쓸모없다고 했나? 20세기에 막대한 자본을 축적한 서양의 경제 선진국(미국과 유럽 연합)을 예로 들어 보자. 그들은 일본과 같은 새로운 경쟁국을 맞닥뜨리고, 석유 수출국 기구(OPEC)와 같은 공급자들이 필수 원자재의 가격을 인상하는 것을 보게 된다.

그 결과, 자본의 수익성이 떨어지는 메커니즘이 가동된다. 그렇다면 다국적 기업 주주들의 입김을 받은 리더들은 무엇을 할까? 이들은 주주들에게 배당금을 주기 위해 임금을 깎고 더 많은 이윤을 챙긴다. 장기간에 걸쳐 임금이 낮아진 임금 노동자는 소비를 줄인다(수요 감소). 따라서 주주들은 장기적 비전을 따져 생산 수단에 투자하는 것이 아니라 단기 수익을 노리고 금융 상품에 투자한다. 이를 막을 규제가 거의 없기 때문에 은행과 같은 금융 산업은 더욱 매력적인 투자 상품을 개발한다. 그러나 그런 상품의 수익성은 앞으로 성장이 계속된다는 전제를 깔고 있다. 서브프라임 모기지 사태도 그렇게 일어났다. 미국의 서민층이 주택 가격이 계속 올라갈 것이라고 기대하고 대량으로 주택을 구매했기 때문이다. 그러나 정반대의 시나리오가 현실이 되었고 서브프라임 모기지는 독이 되었다. 이익을 창출하는 기계 장치가 고장나자 리먼브라더스와 같은 대형 기업들이 무너졌다. 만약 국가의 대규모 개입이 없었더라면 시스템이 완전히 붕괴되었을 것이다.

카를 마르크스 in

자본론

Feat.
프리드리히 엥겔스

앗, 마르크스에게 이런 일이?

《자본론》을 읽은 사람이 있을까? 2,500쪽에 달하는 마르크스의 역작은 암울한 사회상 묘사, 번뜩이는 경제 이론, 깊이 있는 철학적 사고를 담고 있다. 무려 20년이나 걸려 집필했지만 1867년에 출간된 1권을 제외한 나머지는 그의 생전에 세상 빛을 보지 못했다. 충직한 친구 엥겔스가 임무를 이어 받아 2권(1885년)과 3권(1894년)을 출간했다. 4권은 1910년에나 나왔다.● 공산주의자들의 성경과도 같은 《자본론》은 세기의 베스트셀러가 되었다. 2007년에는 세계 금융 위기가 시작되면서 저렴한 포켓판 《자본론》이 다시 인기를 끌기도 했다. 심지어 일본에서는 만화로 나왔다.

📖 《자본론1》(1867)

● 《자본론》은 원래 총 4권으로 계획되었으나 4권에 해당하는 원고는 독일의 사회주의자인 칼 카우츠키가 정리하여 《잉여 가치 학설사》라는 제목의 세 권짜리 책으로 출간되었다.

레옹 발라 LÉON WALRAS
1834~1910
방정식의 강신술사

루저, 정밀과학으로 경제학의 역할을 연구하다

—

레옹 발라는 수학이라는 핵폭탄으로 대선배들을 날려 버린 희한한 프랑스 경제학자이다. 그는 미적분 계산에 집착한 스탠리 제번스, 카를 멩거 등 (고전학파와 사회주의자 이후에 등장한) 신고전학파처럼 인간성을 배제하여 경제학을 물리학과 같은 정밀한 과학으로 만들려고 했다.

1834년 프랑스 에브뢰에서 태어난 발라는 라발리에르*를 맨 좌파 학자들 중에서 유일하게 이론과 현실을 구분할 줄 알았던 덕분에 위험한 시도들과 거리를 둘 수 있었다. 역설적이게도, 그것은 그의 경력이 변변치 못했던 탓이기도 하다! 대학교수로서는 최악의 불명예일 수도

● 18세기 프랑스 예술가들이 애용했던 큰 리본 모양의 넥타이.

있겠지만 발라는 사회 문제에 민감한 진정한 사회주의자[*]였고 못 말리는 몽상가로 평생을 보냈다. 마치 선지자처럼 그는 프랑스 좌파 지도자들의 무지와 탐욕을 그때 이미 간파하고 아연실색했다.

에콜 폴리테크니크 입학에 실패하고 국립 광업 학교에서도 쫓겨난 우리의 몽상가는 기자로 전업하기도 했지만 우울감에 빠져 지적인 방랑을 거듭하다가 스위스 로잔 대학에 자리를 얻었다. 그 후 프랑스 동포와 영국의 동료들에게 잊힌 채로 지냈다.

발라가 재발견된 것은 우리가 앞에서 만난 경제학자들처럼 그의 사후의 일이다.

발라의 이론

가격 형성의 수수께끼를 풀다가 경제학에 빠진다는 건 그리 참신한 이야기는 아니지만 발라도 그런 경우에 속한다. 그는 30년간의 연구를 집대성하여 방정식으로 뒤덮인 두꺼운 책을 펴냈다. 리카도와 마르크스는 재화 생산에 필요한 노동의 양에 따라 가격이 결정된다고 봤지만 발라는 재화의 희소성에 따라 가격이 결정된다는 것을 증명했다. 신고전학파의 가장 큰 이론적 기여인 '희소성'은 얼마나 쉽게 재화를 얻을 수 있는지/없는지, 재화를 사용해서 얼마나 만족감을 얻을 수 있는지/없는지를 뜻한다. 이것이 그 유명한 한계 효용이다. 워낙 어려운 개념이

---

* 발라는 토지 국유화를 옹호했고 스스로 자유주의에 기반을 둔 과학적 사회주의자라 주장했다.

레옹 발라
in

일반 균형

생맥주 한 잔
더 주세요!

5.5유로요.

무슈슈슈

5.5유로나
받겠다고?

당신
까막눈이야?

생맥주
500cc:5.5유로

말도 안 돼! 그건 처음에
내가 폭이 말랐을 때 마신
생맥주 가격이지!

그리고?

그리고 이제 어느 정도
갈증이 가셨으니까...

수요값이
줄어들었고...

3을 놓고
1을 올리고...

4로 나누고...

다시 2를
곱하면...

얼마가 되더라...

4.5유로!

5.5유로가 아니라
4.5유로만 내면
되겠네! 얼마나
논리적이야?

당장 장난질
멈추지 못해! 닮타
냥 같이 생긴 게!

5.5유로를 내든지
아님 꺼져!

왜 그래···.

내가 맥주 한 잔 사지.

잔돈은 가져요.

오, 감사해요. 정말
친절하십니다!

펄 이 정도
가지고.

제가 보답하게
해 주세요!

내가 세 번째 잔은
얼마라고 했지?

니 간단한 예를 들어 보자. 시내에서 맥주 한 잔을 더 마시려고 한다. 신고전학파가 보기에 당신이 도심에 살고(따라서 주류 판매량이 더 많고) 이미 맥주 네 잔을 마셔서 갈증이 줄어든 상태라면 맥주의 가격은 쌀 것이다.* 반대로 당신이 시골에 살고 하루 종일 아무것도 마시지 못했다면, 이론적으로 맥주의 가격은 더 비싸진다.

계산 강박을 가진 신진 경제학자들은 최적의 시장(자유 시장)에서 공급(생산자)과 수요(소비자) 사이에 완벽한 균형이 이루어진다고 주장했다. 발라는 이를 경제 주체 모두가 만족하는 가격 체계인 일반 균형이라고 설명했다. 이것이 바로 발라의 법칙이다.

발라는 마르크스와 정반대되는 주장을 폈다.

> ### 앗, 발라에게 이런 일이?

발라도 집착이 꽤 심한 편이었지만, 신고전학파 동료 경제학자 몇몇은 그보다 한 수 위였다. 1881년에 《수리정신학》이라는 책을 펴낸 유명 대학 교수 프랜시스 에지워스가 그랬다. 에지워스는 인간의 모든 욕망과 욕구, 의도를 계량할 수 있다고 주장했다. 그렇게 하면 모두를 만족시키는 최적의 가격으로 욕망을 교환할 수 있다는 것이다. 에지워스는 교환을 시장에서 쾌락을 주고받는 행위라고 봤지만, 정작 그 자신은 침울하고 비사교적인 인물이었다. 그에 따르면, 경제 주체는 쾌락 기계로써 정부나 노동조합의 활동에 물들지 않고 자신의 동기를 지킨다.

발라의 실수

발라가 속한 신고전학파의 이론적 출발점은 솔직히 헛소리나 다름없다. 인간의 모든 경제적 행위를 수학으로 설명할 수 있다고 하니 말이다. 발라와 그의 동료들은 1,000, 1만, 10만 개의 방정식을 끌어들여 사회경제적 문제를 설명하려고 했다.

맥주를 다시 예로 들어 볼까. 다음에 맥주를 한 잔 더 마시고 싶다면 테이블 구석에서 바로 계산을 하자. 그래야 맥주 한 잔을 구매할 때의 한계 효용을 정확히 알 수 있을 테니까.•• 딸꾹!

그래도 발라에게 경의를 표하자. 그는 루저 중에서도 좀 특별했으니까. 그는 사람들이 더 나은 삶을 살려면 경제학자들이 만든 훌륭한 개념을 어떻게 활용해야 하는지를 연구하는 응용경제학의 최초 이론가였지만 세간에 잊혔다.

역시나 참여가 중요한 법.

📖 《순수 경제학 요론》(1874)

• 한계 효용은 소비자가 어떤 재화를 한 단위 소비할 때 추가로 얻는 만족을 의미한다. 도심에 살며 이미 맥주를 마신 소비자에게는 맥주가 그다지 희소한 재화가 아니기 때문에 한 잔 더 마시더라도 만족은 별로 증가하지 않는다. 따라서 가격이 희소성과 한계 효용에 의해 결정된다면, 이 경우 맥주의 가격은 쌀 것이다.
•• 한 잔 마실 때마다 한계 효용이 달라지므로 가격이 한계 효용에 의해 결정된다면 맥주를 마시자마자 바로 계산하자는 뜻이다.

빌프레도 파레토 VILFREDO PARETO
1848~1923

유유자적한 통계학의 아버지

긴단한 80 내 20 법식으로 뜻밖의 장수를 누리다

파레토의 삶

스위스 로잔에서 레옹 발라의 뒤를 이은 후임자는 발라보다 훨씬 더 화려한 삶을 살았다. 그가 무솔리니 패거리로 삶의 대미를 장식했다는 것은 분명히 의미 있는 차이다.

1848년 프랑스 파리에서 태어난 빌프레도 파레토는 이탈리아 후작과 프랑스 포도밭 일꾼의 믿기지 않는 사랑이 맺은 결실이었다. 일찍이 이탈리아로 보내진 파레토는 공학을 공부했지만 모든 일에 호기심이 많았다. 그는 수준 높은 경제학 강의를 하는가 하면 지역 선거에도 출마했다.

빌프레도 페데리코 다마조 파레토 후작은 낙하산 인사로 로잔 대학 경제학과 교수로 임용되어 스승인 발라의 아직 따끈따끈하던 자리를 차지했다. 많은 재산을 물려받은 그는 발라의 유산을 발전시키는 데 집중할 수 있었다.

그는 새로운 학문인 통계학 덕분에 사람들의 기억 속에 살아남았다.

—

파레토는 발라의 법칙을 기치로 내걸었다. "나의 위대한 선배는 옳았다. 일반 균형은 최적의 생산 분배이다." 파레토는 여기서 멈추지 않았다. 난해한 방정식으로 점철된 개념인 '파레토 최적'은 최적의 상태인 일반 균형을 넘어서면 다른 사람의 만족도를 낮추지 않는 한 경제 주체의 만족도를 향상시키는 재화의 재분배가 불가능하다는 것을 증명한다.

도무지 이해가 안 된다고? 신고전학파의 세계에 온 걸 환영한다! 다행스럽게도 파레토는 아주 간단한 개념을 만든 덕분에 역사에 길이 남았다. 그는 소비자와 생산자에게서 얻어 낼 수 있는 기초 자료에 많은 관심을 쏟았다. 그것이 통계학의 시작이었다. 파레토는 그 자료들을 토대로 오늘날까지도 놀라운 장수를 누리고 있는 하나의 법칙을 만들어 냈다. 모든 사회 현상에서 원인의 20퍼센트가 결과의 80퍼센트를 설명한다는 80 대 20 법칙이다.

충격적인 사례가 있다. 러시아, 이탈리아, 영국은 상황이 서로 매우 다른데도 한결같이 국민의 20퍼센트가 부의 80퍼센트를 소유한 것이 아닌가. 정치적으로 봤을 때 파레토의 추론에는 한계가 있다(이 비율이 바뀔 수 없다면 개혁은 뭣하러 하겠는가?). 그러나 파레토의 연구 성과는 오

늘날까지 살아남아 기업의 전략 수립에도 반영되고 있다. 고객의 20퍼센트가 매출액의 80퍼센트를 차지하고, 고객의 20퍼센트가 고객 불만 사항의 80퍼센트를 차지한다는 식으로 말이다.

파레토의 실수

파레토 최적은 경제학의 티라노사우루스 같은 존재다. 지나간 과거의 영광스러운 증인이라고나 할까. 방정식을 나열해서 파레토의 법칙을 증명하는 건 19세기 말에나 통했던 마술이다.

요즘 누가 그런 증명을 한다고 하면 쓸모없는 일이라는 생각이 들 것이다. 자명한 사실을 뭣하러 증명하나? 2015년 초, 프랑스 민간 부문에서 고용된 1,300만 명의 노동자 가운데 단 한 명만 임금이 인상된다면 그것이 나머지 노동자에게 미치는 피해가 워낙 적어서 아무도 알아차리지 못할 것이다.

80 대 20 법칙은 빛나지는 않더라도 명쾌하다는 장점이 있으나 사상사 책에 파묻혀 버리고 말았다. 오늘날의 세계화된 경제에서는 경쟁이 워낙 심해서 매출액의 80퍼센트를 차지하는 20퍼센트 고객에게만 신경 쓰는 기업은 없기 때문이다. 부의 기계적 분배(임금의 80퍼센트를 임금 노동자의 20퍼센트가 차지)라는 불평등을 없애기 위해서 모두가 노력하고 있다.

지금은 90 대 10에 더 가깝지만.

📖 《경제학 제요》(1906)

알프레드 마셜 ALFRED MARSHALL
1842~1924

응용수학의 십자군

배력남, 신고전학파 이론에 시간의 개념을 도입하다

마 셜 의 삶

얌전하지만 패션 감각이 뛰어났고 능력 있는 호색가였던 알프레드 마
셜은 케임브리지 대학교(이번에도 영국인이군!)에서 강의를 시작하면서
당대 가장 영향력 있는 경제학 교수가 되었다. 그러나 사실 그는 고전
학파의 마지막 주자였을 뿐이다. 파이프 담배를 피웠던 그는 여행은 거
의 하지 않았고 이론만 잔뜩 세웠다. 실제로는 한 발짝 앞섰던 선배들
이 힘들게 쌓아 올린 건축물 위에 마지막 돌 하나를 얹은 셈이다. 정치
경제학이라는 촌스런 표현 대신 경제학의 개념을 결정적으로 도입한
것도 마셜이었다.°

잉글랜드 은행의 창구 직원인 아버지를 두었으니 그가 걸어간 길은
그리 놀랍지 않다. 1842년 런던 근교에서 태어난 그는 시험이란 시험

은 보는 족족 붙었고, 물리학에 빠진 수학 교수에서 경제학 교수로 길을 바꿨다. 모든 사람이 밀을 읽었지만 그는 밀을 제대로 읽었다. 엉뚱하면서도 초합리적이었던 마셜은 물리학 모범생답게 경제라는 은하계를 지탱하는 힘의 상호 작용에 관심이 많았다. 그의 전문 기술은 무엇이었을까? 수학과 기하학을 빌려와 시장의 메커니즘을 밝히는 것이었다. 신고전학파의 편집증적 후계자답게 스미스, 리카도, 밀로부터 물려받은 기술이었다. 이과생이 아니라면 어려운 설명은 그냥 넘어가길.

마셜의 이론

마셜은 파이프에 담뱃잎을 채우는 짬짬이 수많은 이론을 발전시켰다. 그리고 그중 가장 흥미로운 이론으로 신고전학파의 이론을 꽤나 잘 완성시켰다(다른 이론들은… 그냥 넘어가자). 그는 상당히 소화하기 힘든 이론에 시간의 개념을 넣으면 어떨까 생각했다. 수요와 공급의 조절은 단기, 장기에 따라 차이가 난다는 점을 계산해 낸 것이다. 이 모든 것 역시 난해한 계산의 결과였다.

우리의 단골 사례를 다시 가져오자. 맥주 한 잔이 간절할 때에는 분명 비싼 맥주라도 마실 용의가 생긴다. 꽤 화려한 술집이어도 일단 눈에 띄면 뛰어 들어가 맥주를 들이켠다. 맥주를 한두 잔 마신 뒤에 (일시

● 고전학파 시대에 정치경제학이라 불리던 것이 경제학이란 용어로 바뀐 것은 마셜이 1890년에 출간한《경제학 원리》에서부터였다.

적으로) 갈증이 가시면 다른 곳으로 옮겨 맥주를 계속 마시고 싶다는 생각이 든다. 그래서 더 분위기 좋고 저렴한 곳을 신중하게 고른다. 처음에 목이 마른 단계는 단기에 해당한다. 이때는 수요가 가격을 결정한다. 그 다음 단계는 장기에 해당한다. 이때는 공급이 가격(제안받은 가격들 중 내가 수용한 가격)을 결정한다. 수요 공급의 균형을 이루는 힘에 대해 마셜이 얼마나 집착했는지 보여 주는 사례다. 균형은 서로 번갈아 가며 우위를 차지하는 수요(만족 추구가 기준)와 공급(생산 비용이 기준)이라는 두 가지 차원의 동력에 의해 움직인다.

알프레드 마셜

이처럼 마셜의 설명은 그나마 그의 동료들보다 조금 더 이해하기 쉽다는 장점이 있다.

앗, 마셜에게 이런 일이?

고전학파의 마지막 후손은 신고전학파의 시조가 될 수 있을까? 마셜이 경제학의 아인슈타인으로 일컬어지는 케인스의 아버지라는 루머가 100년 전부터 돌았다. 이 현학적인 케임브리지 교수의 명성은 그다지 좋지 않았다. 전문적인 의미에서 최초의 경제학자 중 한 명인 메리 페일리 마셜과 결혼한 콧수염남 마셜은 대학에서 수많은 여성과 어울린 것으로 유명하다. 케인스의 어머니 플로렌스 에이다 브라운과 대놓고 썸을 탔으니 그가 케인스의 아버지라는 추측은 사실일지도 모른다.

백미는 마셜이 말년에 케인스를 가르쳤다는 사실이다. 케인스는 그에게 (아빠처럼?) 경제학자를 꿈꾼다고 말했지만, 마셜은 케인스에게 자신이 모든 걸 발견했으니 후배들은 자기 책을 인용만 하면 된다고 대답했다.

지식의 교수대가 있다면 가장 먼저 마셜의 머리를 건 다음 파레토, 발라, 제번스 등 신고전학파 일당 전체에게 벌을 줄 것이다. 당시에도 이미 낡았던 가설(오늘날에는 오죽하랴.)에 과도하게 집착하는 죄를 지었기 때문이다. 이들은 현실 세계를 정의하는 것은 경제의 균형, 이를 테면 공급이 수요에 다가가거나 수요가 공급에 다가가면서 추는 배꼽춤이라고 믿었다.

위대한 경제학자가 되려는 자들이 꼭 말하는 것처럼, 현실을 보여 주는 것은 변화, 즉 불안정이다. 그러나 우리의 신고전학파 경제학자들은 파리 코뮌, 최초의 대공황, 식민지 정복, 제1차 세계 대전 등 긴장이 극에 달했던 시대를 살았다. 이러한 변화들은 오히려 그들의 눈을 가리고 막다른 골목으로 내몰았지만, 경제학의 슈퍼스타들 시즌 2, 즉 20세기의 경제학자들에게로 이행하는 이정표가 되기도 했다.

하지만 안심하자. 20세기의 경제학자들은 '파이프 담배를 피우는 사람들'보다는 멀쩡했다.

📖 《경제학 원리》(1890)

혁명가들

20세기

파괴자들의 시대

—

심각한 인플레이션, 대량 실업, 막대한 적자, 불평불만쟁이 독일 총리…. 이 모든 즐거움이 우리의 우울한 일상을 채운다. 20세기 초에 나타난 이 새로운 현상들은 제1차 세계 대전으로 증폭되어 새로운 경제사상가들에게 독이 든 유산을 남겨 주었다. 강박적인 새로운 경제학자들은 비범했던 최초의 경제학자들이 인내심을 가지고 조몰락거려서 만든 아름다운 건축물인 경제학을 무너뜨리기만 했다.

베블런, 콘드라티예프, 슘페터, 피셔, 케인스, 폰 노이만, 베버리지, 하이에크, 갤브레이스, 프리드먼, 새뮤얼슨은 경제학의 새로운 선도자이자 지식의 향연에서 진정한 영광을 차지했지만 고전학파의 사상을 폭파시키는 데 매달리기도 했다. 얼마나 온 힘을 다해 그 일에 매달렸는지 가끔은 그들이 정말로 뭘 원했을까 하는 생각이 들 정도이다.

그래도 기적의 약을 파는 장사꾼들의 직감 덕분에 화폐의 역할 (재)발견, 기술 혁신의 창조적 힘, 경제 주체의 심리가 발휘하는 영향력 등 진정한 학문의 초석이 드디어 마련되었다.

이것은 대학 먹물들이 말하는 '인식론의 혁명'일까? 성역과도 같은 고전적 개념인 '호모 이코노미쿠스(Homo Economicus)*'를 도끼로 난도질한 것일까? 우리의 파괴자들이 주장한 이론 중 기억해야 할 진리가 있다면 그것은 경제 주체가 합리적인 존재는 절대 아니라는 것이다. 적어도 그들이 기대하는 순간에는 말이다.

지금부터 미국의 경제학 시대를 열었던 11인의 성상 파괴자들을 만나 보자. 이들 대부분은 미국에서 태어났거나 그곳에서 일했다. 그들은 이론의 테이블을 뒤엎고 고전학파의 신성한 수학 방정식 대신 수정 구슬을 선호했다.

그들의 생애, 방황, 발견은 우리에게 아주 큰 재미를 선사할 것이다.

다가올 최악의 사태에 대비시키면서….

● 신고전학파에서 가정하는 인간의 유형으로, 합리적 계산에 기초하여 이익을 추구한다.

소스타인 베블런 THORSTEIN VEBLEN 1857~1929

블링블링한 신경병 이론가

노숙자처럼 살면서 양키 사업가들을 공포에 떨게 하다

베블런의 삶

유럽에는 잘 알려지지 않았지만 그는 미국 사상사의 진정한 우상이다. 베블런은 자신의 운명만큼이나 기이한 사람이었다. 그의 천방지축 이론이 한 세기가 지난 지금까지도 하버드의 복도에서 논의되고 있기 때문이다. 솔직히 말하면, 당시 수백 명에 달하는 교수, 지식인, 학생, 그리고 정숙한 가정주부 들에게 이렇게 불안정한 인간은 없어도 그만인 존재였다.

1857년, 미국 위스콘신 주에서 태어난 소스타인 베블런은 외로운 아이였다. 엄마가 들려주는 북유럽 신화에 매료된 그는 집에서 노르웨이어를 썼지만 손에 잡히는 대로 읽었던 책들은 모두 영어책이었다. 철학과 경제학 공부는 어땠냐고? 엄청나게 잘했다. 하지만 베블런은 심각한

질병을 앓았다. 평생 정신을 딴 데 팔고 살았기 때문이다. 베블런의 전기 작가들은 그에게 신경병 환자라는 진단을 내렸다. 그는 미국 중서부에 있던 부모님의 집을 서른넷이 되어서야 떠난 뒤 시카고 대학교에서 경력을 쌓기 시작했다.

'경력'이라고 말하면 좀 거창하긴 하다. 면도도, 샤워도 하지 않은 채 누더기 같은 옷을 입고 다녔던 그는 동료들의 아내를 좋아했다. (놀랍게도 그는 여자들에게 인기가 있었다.) 강의에 나타나지 않는 것으로 유명했고 동료들과의 사이는 아주 나빴다. 거의 모든 사람의 골머리를 썩히는 존재였기 때문에 그는 평생 강사 신세를 면치 못했다.

그런데 역작《유한계급론》을 발표하면서 베블런은 일약 스타가 되었다. 그는 뜻밖에도 맹렬한 논리로 미국의 힘을 상징하는 소비 지향적 생활 방식과 기업가를 비난했다. 베블런은 이 두 가지 요소를 아예 '포식자'라고 단정했다.

거의 모든 사람을 겨냥했던 미친 지식인 베블런은 절대 자유주의의 또 다른 우상인 헨리 데이비드 소로처럼 깊은 숲 속의 외딴 오두막에서 생을 마감했다.

베블런의 이론

베블런의 혁명적 메시지에 양키 인텔리겐치아(Intelligentsia)*는 경악했

* 지식 노동에 종사하는 사회 계급.

다. 베블런은 미국 상류층의 행태가 게으른 원시인과 크게 다르지 않다고 봤다. 더 많은 부를 갖기 위해 부를 쌓고 그렇게 해서 힘자랑을 한다는 것이다. 노동자, 기술자, 농부 등 '착취당하는' 계급도 비참하긴 마찬가지였다. 그런 주인의 행태를 하나같이 찬양하면서 떨어지는 떡고물이라도 받아먹으려 했기 때문이다.

위대한 경제학자가 될 생각은 꿈에도 없었던 베블런은 경제학사에서 큰 단절을 상징하게 되었다. 마르크스 계보에 속하면서도 경제 주체들의 머릿속을 조금 더 체계적으로 해부했던 것이다. 그는 경제 주체에 대해 연구하는 것이 시장의 법칙을 알아내는 것보다 더 유용하다고 생각했다. 그리고 그의 발견은 파이프 담배를 피워 대던 19세기 고전학파의 이론을 박살 내기에 이르렀다.

베블런은 소비자의 행동이 전혀 합리적이지 않다고 봤다. 소비자의 행동은 욕구에 대한 충족을 반영하지 않는다. 오히려 소비자의 구매 기준은 불합리할 때가 많다. 그 기준은 소비자의 의식적 혹은 무의식적인 깊은 욕망, 자신이 속한 사회 계층이 나타내는 표상의 영향, 성공의 정도 등에서 나온다. 그리고 그 중심에는 경제적 포식자, 즉 성공적인 사회 기생충이 되고 싶은 욕망이 숨어 있다.

헐! 그 말인즉슨 무엇보다 소비의 가장 막강한 동력이 베블런이 말한 '과시적 소비'라는 뜻! 사람들에게 자랑하기 위해 자신이 가진 부를 펼쳐 보이고 싶다는 저항할 수 없는 욕구 말이다.

사르코지 정권 때 만들어진 '블링블링'이라는 말이 생각나지 않는가?

지독한 베블런, 그것을 100년 전에 알아차리다니!

베블런의 실수

《유한계급론》의 결론은 당시로서는 매우 이례적이었다. 베블런에 따르면, 서구 사회에는 프롤레타리아와 자본가 간에 전쟁이 일어날 것이라는 마르크스의 예언과 다른 응집력이 있다. 모든 경제 주체가 주인을 닮으려고 할 뿐만 아니라 주인의 자리를 차지하려고 들기 때문이다.

그것도 그들이 가진 모든 수단을 동원해서 말이다. 매년 아주 힘들게 돈을 조금씩 더 버는 노동자가 추구하는 목표는 단 하나이다. 정기적으로 더 비싼 자동차를 구입해서 공장장을 흉내 내는 것이다. 공장장도 (노동자보다 많은) 자신의 소득을 가지고 똑같은 행동을 한다.

베블런은 다양한 소득 계층을 겨냥해서 제품을 내놓는 브랜드가 지배하는 시대를 예고한 셈이다. 특히, 그는 경제학에 심리학, 인류학, 사회학을 접목시킴으로써 경제학의 지평을 크게 넓혔다.

그러나 현실을 능숙하게 다룬 이 외과 의사는 예언가가 아니었다. 베블런의 실수는 기업가를 정형화했다는 점이다. 서부 개척 시대가 끝나고 트러스트의 시대가 시작될 무렵 책을 썼던 베블런은 기업가를 해로운 사기꾼으로 단정지어 버렸다. 그러나 20세기의 미국이 경제 대국으로 성장할 수 있도록 만든 주역은 기업가였다. 베블런은 공격적이지 않고 사리사욕에 물들지 않은 '엔지니어(생산을 전문으로 하는 일종의 고위 공무원)'의 손에 미국을 맡기면 행복한 미래가 오리라 꿈꾸었다.

행정 고시 합격생을 공장장으로 쓰다니? 제2차 세계 대전 이후 프랑스에서만 일어났던 예외적인 일이다.

소스타인 베블런
in

(가끔씩) 일탈

우리의 평화로운 삶은
전쟁터로 내몰렸습니다.

게으른 엘리트는 돼지처럼 부를
축적하고 노동자를 착취합니다.
비극적인 상황이에요!

짝 짝 짝 짝짝
짝 짝 짝 짝
짝 짝 짝 짝

베블런 교수님,
역시 대단하십니다.
이런 비판 정신을 지닌 훌륭한 분을
모시다니 우린 정말 행운입니다.

오물
오물

안녕, 학장님.

바닐라 쿠키 좀 줄까요?

냠
냠

아… 괜찮습니다.

잠깐만요, 베블런 교수님. 한 말씀
드려도 될까요? 개인적으로야 가끔씩
일탈하는 것도 좋다고 생각하지만,
다음 주에는 지각을 좀 줄이시면 안
될까요? 학생들의 불만이 심합니다.

담배 필래요?

아닙니다.

그리고 개인적으로야 가끔씩 일탈하는 것도
좋다고 생각하지만, 복장과 위생에
조금만 더 신경 쓰시면 안 될까요?

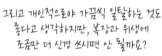

안녕,
잘생긴 오빠!

안녕,
예쁜이!

조금 있다 만날까?

알았어.

툭

그리고 개인적으로야 가끔씩 일탈하는 것도
좋다고 생각하지만, 제 와이프랑 자는 건
좀 참아 주시면 안 될까요?

비싼 와인일수록 맛있다!

보르도 지방에서 생산되는 그랑 크뤼 와인이 왜 비싼지 생각해 본 적이 있는가? 포도가 비싸서? 중국의 수요가 많아서? 꼭 그렇지만은 않다. 사실은 와이너리들이 저도 모르게 베블런의 이론을 적용하고 있는 것이다. 와인 애호가는 와인 한 병의 값이 비싸면 그 와인 전체의 맛이 훌륭하다고 생각한다. 역사적으로 그랑 크뤼로 분류된 와인이나 국제적 명성을 누리는 와인을 살펴보면 그 사실이 더욱 명확해진다. 명품 브랜드나 고급 자동차, 고급 시계 등으로 남과 구별되기를 바라는 부유한 고객의 비위를 맞추는 방법은 늘 존재했다.

따라서 현실 경제와는 관계없이 사치품의 가격은 본질적으로 계속 상승할 수밖에 없다. 베블런이라면 와인 잔을 비우며 "경제적 효율성 면에서는 어리석고 매우 비상식적"이라고 하지 않았을까?

앗, 베블런에게 이런 일이?

베블런은 엉뚱하고 완전히 초현실적인 농담 때문에 전설이 되었다. 집안일에 관심이 없던 그는 더 이상 쓸 수 있는 그릇이 없어졌을 때에야 살수용 호스로 설거지를 하곤 했다(분명 욕조에서 했을 것이다). 대학에서는 학생들에게 모두 같은 점수를 주었고, 강연을 들으러 온 청중 앞에서 몇 시간 동안 한마디도 하지 않은 적도 있었다. 베블런의 전기에는 그가 농부에게 빌렸던 가방에 벌집을 넣어서 돌려줬다는 일화도 나온다. 대학에 들어가서 처음 했던 가장 유명한 발표의 제목은 〈주정뱅이의 변명〉과 〈식인 풍습을 위한 변호〉였다.

그래도 그가 그립다.

📖 《유한계급론》(1899)

니콜라이 콘드라티예프 NIKOLAÏ KONDRATIEV 1892~1938

경제 주기의 불사조

뛰어난 계산을 강제 수용소에서 완성하다

콘드라티예프의 삶

누가 봐도 테크노크라트(Technocrat)*처럼 생긴 러시아 최초의 경제학자인 그는 우랄 산맥 동쪽의 케인스가 될 뻔했다. 그러나 안타깝게도 그는 46세에 사형대 앞에서 계산을 완성했다.

1892년 모스크바 동쪽의 비추가라는 곳에서 부농의 아들로 태어난 니콜라이 콘드라티예프는 열정적인 경제학도로 성장했다. 그는 우크라이나의 잊힌 경제학자 미하일 투간 바라노프스키의 제자였다.

진지한 혁명주의자였던 콘드라티예프는 로마노프 왕조를 무너뜨리고 새로운 러시아 건설에 참여하고자 했다. 쯧쯧! 그 평화로운 시대에

● 전문 지식을 갖고 사회나 조직의 의사 결정에 영향력을 발휘하는 기술 관료.

그는 볼셰비키의 경쟁 진영에 합류했다. 강력한 힘을 지닌 러시아 농민들이 만든 정당인 사회혁명당이었다. 제1차 혁명(1917년 2월 혁명)이 끝나고 그는 케렌스키 정부의 장관으로 임명되었다. 그러나 10월 혁명으로 레닌의 지지자들이 득세하면서 그는 제일 먼저 숙청당했다.

어찌어찌 해서 다시 모스크바 경기 연구소 소장이 된 그는 신성 모독적인 두 가지 신념에 기반을 둔 연구로 자기 무덤을 팠다. 첫째, 공업 대신 농업에 우선순위를 두어 새로운 러시아를 건설한다. 둘째, 어떤 경제 시스템이든 잿더미에서 항상 다시 살아난다. 차라리 크렘린에서 뛰어내리지…. 레닌주의가 가미된 공산주의 시절(신경제 정책[NEP]을 떠올려 보라.)에는 그런 발상이 그럭저럭 받아들여졌다. 하지만 스탈린이 중공업·토지 국유화·자본주의의 필연적 붕괴라는 세 가지 사상을 들고 등장하면서 콘드라티예프는 수용소로 가는 편도 티켓을 받아들 수밖에 없었다. 그는 수용소에서 8년 동안 감자나 줍다가 1938년 스탈린 대숙청의 가장 안타까운 주인공이 되었다.

활동 기간 대부분이 베일에 가려진 콘드라티예프는 '장기 파동' 이론을 뒷받침할 수많은 데이터를 수집했다. 그는 특히 200년 동안 여러 국가에서 일어난 물가 변동 데이터를 모았다. 연구 결과, 자본주의 시스템은 50년마다 성장 국면(생산 증가, 완전 고용, 쇼핑을 즐기는 소비자)과 침체 국면(국민 총생산 정체, 실업, 디플레이션, 어두운 사회 분위기)을 거듭했다. 첫 번째 파동은 1790년에 시작해서 1845년에 끝났다. 두 번째 파동은 1845년부터 1895년까지였다. 세 번째 파동은 콘드라티예프가 20년 동안 아무도 읽어 주지 않을 원고를 빽빽하게 채우던 당시에 진행 중이었다. 물론, 소련 국가 안보 위원회(KGB)의 전신인 게페우 요원들은 그의 글을 읽었겠지만, '콘드라티예프 파동'이 국제적으로 성공한 것은 자본주의에 대한 역사적 고찰이라는 점보다는 줄무늬 죄수복을 걸친 지식인 콘드라티예프의 직감 덕분이었다. 콘드라티예프 이론의 핵심은 경제가 역사적 배경뿐 아니라 혁신의 진화를 통해 지속적으로 조정 작용을 한다는 것이다. 훗날 조지프 슘페터가 이 점을 눈여겨보는 바람에 콘드라티예프는 사후에 유명해질 수 있었다.

콘드라티예프가 경제 위기의 주기적 발생을 언급한 최초의 경제학자는 아니다. 제네바 출신의 장 드 시스몽디와 프랑스의 클레망 쥐글라르도 성장과 둔화 국면의 반복을 이론으로 정립했다. 그러나 이들이 말한 주기는 짧았고(쥐글라르 파동은 9년 주기), 러시아의 경제 주기 분석은 수백 년에 걸쳐 있었다. 간단히 말하면, 1895년부터 세계 대전이 터질 조

니콜라이 콘드라티예프 in

모든 것은 주기

자네의 바보짓 때문에 평생 수용소에서 감자나 줍게 생겼어!

아니야. 그렇지 않네.

상황이 좋아질 거라고 몇 번이나 말했지 않나! 날 믿게, 이고리. 모든 건 주기야!

주기고 뭐고 다 필요 없어. 이렇게 된 건 다 자네 탓이라고!

당신이 콘드라티예프?

둘 다 따라와.

봤지? 드디어 수용소를 나가는군.

그러니까 날 믿으라고 했잖아!

무릎 꿇어!

흑흑

걱정 말게, 이고리. 상황이 나아질 거야. 모든 건 주기거든!

탕 탕

짐이 나타났기 때문에 쇠퇴하던 경기가 상승 국면으로 접어들었다고 볼 수 있다. 혹은 경기가 쇠퇴했기 때문에 기술 혁명(1895년 이전 전기나 석유 개발)이 일어났고 그 후(1895~1920년)에 그것이 보편화되었다고 말할 수도 있다. 콘드라티예프 동지 덕분에 우리는 파이프 담배를 피우던 경제학자들이 주장했던 균형에서 아주 멀리 있다.

하지만 이건 시작에 불과하다.

콘드라티예프의 실수

콘드라티예프의 이론은 근대 경제사 대부분에 적용될 수 있다는 점에서 매력적이다. 그러나 그의 이론을 뒤집기는 꽤 쉽다. 예를 들어, 현대의 가장 위대한 기술 혁신인 라디오는 상승 주기의 초기인 1895년에 개발되었지만, 콘드라티예프는 그런 혁신이 하강 주기가 끝날 때쯤에야 일어난다고 주장했다.

현재 침체기를 겪고 있는 유럽과 달리 남아메리카의 국민 총생산은 상승 중인 것처럼, 세계의 여러 경제권은 지난 100년 동안 서로 다른 상승과 하강 국면을 거쳤다.

결론? 수용소에서 사라졌다가 1950년대 초반 슘페터에게 재발견된 다음, '영광의 30년*' 동안 다시 잊혔다가 1980년대에 경제 위기가 발생

---

* 1945~1975년까지 프랑스의 경제적 번영기를 가리킨다. 미국을 비롯한 선진 자본주의 국가들이 경기 침체에서 벗어나 안정적 성장을 이룬 시기로, '황금 시대(Golden Age)'라고도 불린다.

하자 되살아난 콘드라티예프의 이론이야말로 주기적인 게 아닐까?

성장은 2030년에나 가능?

콘드라티예프의 이론을 21세기 경제에 적용해 보면 2000년대 말에 침체 국면에 접어들었다고 봐도 놀랍지 않다. 인터넷(미군이 1970년대에 개발) 경제는 1990년대 초부터 2000년대 말까지 성장 국면을 경험했다. 인터넷은 1990년대 초 기업에서 대중에게 확산되기 시작하여 2000년대 말에는 세금 징수에 이용되는 등 도처에서 상용되다가 쇠퇴했다.•

논리적으로 따져 보면, 다음 확장 국면은 2030년에 시작된다. 현재 연구소에서 실험 중인 여러 혁신들, 특히 나노테크놀로지 부문의 혁신이 주역이 될 것이다.

이제 조금만 참으면 된다.

📖 《전쟁 이전과 이후의 세계 경제 주기》(1922)

• 미국에서 정보 경제의 호황과 거품 붕괴를 가리킨다.

조지프 슘페터 JOSEPH SCHUMPERTER
1883~1950

기업가 정신의 카이저

위기를 경제 회춘 요법으로 본다

슘페터의 삶

1930년대에 하버드 대학교에서 조지프 알로이스 슘페터의 강의를 들은 사람이라면 노스페라투[*]를 닮은 이 작은 교수가 설파하는 놀라운 진실을 어떻게 받아들일지 감을 잡지 못했을 것이다. 그는 "위기는 좋은 것이다. 경제에 도움이 되는 찬물 세례이니까!"라고 주장했다.

트리쉬(옛 오스트리아-헝가리 제국의 모라비아 지방)의 산업가 집안에서 태어난 슘페터는 빈에서 공부하고 런던에서 결혼했으며 카이로에서 교편을 잡았다가 우크라이나로 학교를 옮겼다. 승마에 심취한 나머지 승마용 채찍을 쥐고 기수 복장을 한 채 강단에 설 정도로 원래부터 엉뚱

- 1922년 독일에서 만들어진 흡혈귀 영화의 주인공.

함 때문에 유명했던 그는 자신의 저작 중 가장 완성도가 높은 《경제분석의 역사》를 써서 본격적으로 명성을 얻었다. 그 후, 창조적 파괴와 기업가의 역할에 관한 이론(1942년에 출간되어 절찬리에 판매 중인 《자본주의·사회주의·민주주의》에 나와 있다.)으로 인류의 기억 속에 영원히 남게 되었다.

사실, 슘페터 본인은 그다지 뛰어난 기업가가 아니었다. 오스트리아에서 잠깐 장관으로 있다가 은행장이 되었지만 곧 그 은행이 망해 버렸다. 나치즘이 부상하자 그는 미국으로 망명을 떠났다.

슘페터는 미국으로 건너가 제대로 유명세를 타기 시작했다. 폴 새뮤얼슨, 제임스 토빈, 로버트 하일브로너 같은 후대의 거성들까지 그를 길이 기억하게 되었으니 말이다. 그러나 거만함이 하늘을 찔렀던 슘페터는 제자들의 존경에 만족하지 않고 또 다른 열정에 심취했다. 열정의 대상은 바로 여자들이었다. 그 덕분에 그는 우울한 말년을 보내면서 비관에 빠졌고 스탈린이 미국을 점령하리라는 상상에서 벗어나지 못했다.

스탈린에 대한 상상은 실현되지 않았다. 미국의 상황은 그다지 나쁘지 않았다.

슘페터의 이론

슘페터 사상의 근간은 경제의 역사적 동학에 있다. 그는 경제사의 발전이 벽돌을 꾸준히 쌓아 올린 장벽이 아니라, 새로 얹은 돌의 무게 때문에 가끔씩 중심이 무너지기도 하지만 그 덕분에 오히려 기저부가 튼튼한 피라미드를 닮았다고 주장했다.

이것이 바로 '창조적 파괴'이다. 창조적 파괴의 주역인 기업가만이 수없이 많은 발명품 중에서 소비자를 만족시킬 만한 것을 선별할 수 있다. 한 기업가의 새로운 선택은 다른 기업가의 오래된 선택을 파괴한다. 이것이 슘페터 사상의 진정한 핵심인 '진부화'다. 모든 혁신은 새로운 발명의 출현으로 진부해진다. 그리고 이 발명은 재화와 서비스의 생산 및 시장 출시로 이어진다.

조지프 슘페터

오래된 '정치경제학' 이론가들에게 불경한 현상인 '진부화'는 경쟁을 사라지게 만든다. 일정 기간 동안 자신의 기술을 받아들이게 하고 팔 수 있는 기업가는 실질적인 독점을 형성해서 이윤을 높일 수 있다. 그렇게 되면 연구에 더 많은 돈을 투자할 수 있으므로 새로운 혁신을 꾀할 수도 있다. 경쟁자가 더 재빠르게 움직이지 않는다면 말이다.

아이팟, 아이폰, 아이패드를 내놓은 고(故) 스티브 잡스가 슘페터의 훌륭한 모르모트가 될 수도 있었을 텐데.

1930년대 유럽에 불어닥친 정치적 혼란을 목도하고 충격을 받은 슘페터는 머지않은 암울한 미래에 계획 경제가 출현할 것이라고 예견했다. '기업가'는 무대에서 사라지고 파시스트 공무원과 소련 사상에 물든 경찰이 결합된 '계획자'가 나타나리라고 봤다. 슘페터는 미국이 하향 평준화를 지향하는 경제(저성장, 완전 고용, 무책임의 보편화, 상품의 희소화)에 몸을 내맡기리라고 생각했다. 하지만 실제로 이러한 경제 체제를 받아들였던 곳은 구소련이었다.

슘페터는 전후의 케인스 혁명이 설파한 해법이 피할 수 없는 운명의 시간을 늦추기만 할 뿐 경제적 패주와 다름없다고 생각했다.

그러나 현실은 오히려 그 반대로 흘러갔다. 미국과 기업가들은 50년 만에 브레즈네프 역사와 바르샤바 조약을 망각의 강으로 흘려보냈다. 혁신, 그리고 더 나은 창조를 위한 파괴를 멈출 수 없었기 때문이다. 기업가들은 스타트업이나 다국적 기업의 형태로 자본주의를 받아들인 서양의 승리를 굳혔다.

기업가들이 조지프 슘페터의 대표작을 머리맡에 두고 잠드는 이유가 바로 여기에 있다.

📖 《자본주의·사회주의·민주주의》(1942)

어빙 피셔 IRVING FISHER
1867~1947

화폐의 닥터 스트레인지러브

물리학자 겸 경제학자가 만유인력처럼 화폐를 수량화하다

—

신고전학파 시대에 멸종되지 않고 살아남은 놀라운 공룡과도 같았던 미국인 피셔는 평생 한 가지 생각에 집착했다. 경제학을 정밀과학인 물리학처럼 연구하고 싶다는 것이었다.

1867년 뉴욕 주 소거티스 마을에서 태어난 피셔는 대중에게 거의 알려지지 않았지만 경제학자들 사이에서는 추앙을 받았다. 그를 당대의 가장 뛰어난 사상가로 칭송한 학자들도 있다. 경제학 강의가 없던 시절에 예일 대학교에서 공부한 피셔는 시만큼 수학, 의학, 물리학에도 관심이 많았다. 이러한 관심은 훗날 그가 완벽한 경제학자가 되는 데 밑거름이 되었다. 19세기 말과 제2차 세계 대전 직후까지 피셔를 만나기란 쉬운 일이었다. 예일 대학교 복도에서 항상 그를 볼 수 있었기 때문이다.

피셔의 이론

경제학을 정밀과학으로 만들겠다고 결심한 피셔는 화폐와 수요를 질량이나 중력처럼 다룰 수 있다는 생각을 퍼뜨리기 위해 노력했다. 그는 경제가 자기장과 같다는 것을 계산으로 증명하는 데 많은 시간을 들였다.

이론 영역에서는 특히 화폐에 관심이 많았다. 그는 저주스러운 수식을 동원해서 화폐가 경제에서 핵심 역할을 한다는 것을 증명하려 한 최초의 경제학자였다. 일례로, 그는 통화량(대출액)이 늘어나면 물가가 상승한다는 것을 증명했다.

그는 대공황의 비밀도 풀었다. 은행가와 기업가 들은 그가 내놓은 이론을 소화하는 데 몇 년이 걸렸지만 말이다. 위기가 계속되면서 물가가 하락하고 기업들이 모래성 마냥 계속 무너진 것은 기업이 성장기에 쌓은 부채를 지나치게 빨리 상환했기 때문이다.

이것이 그 유명한 부채 디플레이션 이론*이다. 통화량이란 곧 대출이므로, 부채를 상환하면 통화량이 줄어들어 물가가 하락한다. 극적이지만 정확한 설명이다. 세계 2위의 경제 대국이던 일본이 1990년대에 들어서면서 이런 상황을 겪었다. 일본은 위기에서 헤어나지 못했다.

사소한 문제가 있다면, 그건 유럽이 똑같은 상황을 코앞에 두고 있다는 것이다.

---

* 경기 침체기에 기업들이 부채를 갚기 위해 자산을 급히 팔아 치우는 바람에 자산 가격이 더욱 하락하여 디플레이션이 심화된다는 이론.

피셔는 스캔들로 유명해졌다. 그는 1929년 10월 22일 화요일자 〈뉴욕 타임스〉에서 "주가가 너무 낮다."라는 성급한 발언을 했다. 이 말은 주가를 높이기 위해 곧 금융 시장 조정이 필연적으로 일어날 수밖에 없다는 의미가 있었다. 그 덕분에 이틀 뒤에는 역사상 최악의 주가 폭락이 일어난 '암흑의 목요일(Black Thursday)*'을 맞았다.

피셔의 자살골은 아마도 양심을 되찾기 위한 심오한 자기비판에서 나온 듯하다. 그는 자신의 고전 경제학적 시각(미국 증시의 힘이 금주법으로 노동자의 생산성이 올라간 데서 나온다고 믿다니, 멍청하긴!)에 문제를 제기할 수 있었기 때문에 화폐 연구를 통해 경제학을 발전시킬 수 있었다.

계량 경제 학회와 전미 경제 학회 등 피셔가 경제학자들끼리 교류하는 자리를 마련하여 동료들 사이에서 인기가 높았다는 사실은 중요하면서도 쓸데없는 정보이다.

훗날 경제학의 수석 로비스트 폴 새뮤얼슨이 그랬던 것처럼, 피셔 역시 경제학이 진정한 학문이 되리라고 확신했다.《국부론》이 나오고 한 세기 반이나 지났으니 그럴 만도 했다.

---

* 1929년 10월 24일 뉴욕 증시의 폭락으로 세계 대공황의 시작을 알린 날이다.

놀랍게도, 엄격한 피셔 교수님은 공공 보건의 스승이자 이민을 반대하는 투사로서 꽤 독창적인 제2의 삶을 살았다. 젊었을 때 결핵을 앓았던 그는 동시대인을 위해 보건 캠페인을 벌였다. 유럽에서는 아무도 읽지 않았을 저서 《어떻게 살 것인가 – 근대 과학에 기초한 건강한 삶의 규칙》에서 미국인의 위생 개선을 위한 정책을 열심히 주장했다. 결핵 환자용 구급약을 개발하기도 했던 그는 채식을 이론화하고 금주를 권했으며 우생학을 실천에 옮기자고 주장했다. 두 차례 세계 대전 사이에는 희대의 갑부 존 D. 록펠러로부터 재정 지원을 받은 미국 우생 학회의 초대 회장을 지냈다. 이 단체의 목적은 남유럽과 동유럽 이민자의 이민을 제한하는 것이었다.

《100% 돈》(1935)

존 메이너드 케인스

JOHN MAYNARD KEYNES
1883~1946

근대 경제학의 아인슈타인

전쟁의 폐허에서 노동자를 구하기 위해 거시 경제학을 만들다

케인스의 삶

케인스는 스미스와 마르크스에 이어 경제학에서 전 세계적 영향력을 자랑하는 세 번째 위인이다. 붕괴하던 자본주의를 구원한 케인스는 선조들에 대해 강한 자부심을 지닌 전통주의자였다. 그는 돈을 좋아했고 거물과의 만남을 즐겼으며 주식 투기를 일삼았다. 눈을 감는 최후의 순간에도 "샴페인을 마음껏 마시지 못했다."라고 후회할 정도였다.

존 메이너드 케인스는 1883년 영국 케임브리지에서 태어났다. 그의 가문은 1,000년의 역사를 가진 유서 깊은 엘리트 집안이었다. 천재 밀의 발랄한 버전이라고 할 수 있는 케인스는 어처구니없을 정도로 조숙했다. 그의 전기를 보면, 네 살 때 이미 경제에 관해 생각하기 시작했다고 하니 말이다.

짐작했겠지만, 케인스는 잠깐 동안 학교를 다닌 뒤 곧바로 정부 재무 부처에서 경제학자 겸 고위 공무원으로 활동했다. 하지만 무능력하고 느려 터진 행정부에 질려서 금융계로 뛰어들었다. 그는 집에서 지내면서 투자로 모은 얼마 되지 않는 재산을 샴페인과 사교계 모임에 썼다.

자기가 잘났다는 걸 잘 알고 있었던 케인스는 길들일 수 없는 사람이었다. 그는 당시에 매우 드물게도 커밍아웃한 동성애자였고 그 들어가기 어렵다는 블룸즈버리 그룹의 일원이었다. 이곳에서 그는 여러 지식인들과 함께 미적 경험을 추구했다(버지니아 울프도 같은 회원이었다). 평생 오페라와 무용을 사랑했던 그는 동성애자 생활을 끝내고 매우 아름다운 러시아 무용수와 결혼했다.

큰 키와 호리호리한 몸매에 가느다란 콧수염을 기르고 펠트 모자를 쓴 케인스의 모습은 대영 제국에서 유명했다. 번뜩이는 저서들을 읽어 보면 그의 신조가 아슬아슬했다는 것을 알 수 있다. 일례로, 그는 지성이 유전된다고 확신했다. 1923년 케인스는 《평화의 경제적 귀결》에서

독일의 재건이 금융적으로 불가능하며 공격적인 재군비 역시 불가피하다는 것을 예견했다.

미국의 대공황은 1930년대 유럽에 영향을 미쳤고 전 세계를 전쟁으로 몰아갔다. 대공황이 일어나지 않았더라면 케인스는 영국의 위대한 경제학자, 어쩌면 (당시로서는 새로웠던) 화폐의 역할 분석에 사상 뛰어난 재능을 보인 이론가 정도로 남았을 것이다.

그러나 세계적인 경제 위기가 일어나면서 그는 불멸의 존재가 되었다. 그의 가장 유명한 저서 《고용, 이자 및 화폐의 일반이론》에서 거시 경제와 미시 경제를 탁월하게 구분해 낸 덕분이다. 케인스는 소비자 개개인과 기업 하나하나의 행위는 중요하지 않다고 보았다. 거기에서 전체에 대한 유효 변수를 도출할 수 없기 때문이다. 그가 보기에 정부가 개입해서 결과를 얻을 수 있는 분야는 생산, 고용 시장, 물가 등 거시 경제 부문이었다. 덕분에 케인스 경은 더 많은 샴페인, 남작 작위, 영국 중앙은행의 고위직, 국제 금융 체계를 재건한 브레턴우즈 협정 영국 대표 자리를 얻었다.

그는 우리에게 익숙한 '케인스주의'를 남기고 세상을 떠났다.

케인스의 이론

케인스는 동시대 사람들에게 충격적인 발견을 전했다. 위기에 빠진 경제는 영원히 그 위기에서 헤어날 수 없다는 것이다. 지금까지 선배들이 해 왔던 주장과는 완전히 반대되는 말이었다. 고전학과 경제학자들은 침체된 경제를 부흥시키는 자동 조절 기능이 항상 존재한다고 생각했다. 예를 들면, 위기가 닥쳤을 때 신중한 소비자는 저축을 하기 때문에 금리가 낮아진다(저축이 늘어나면 당연히 금리가 떨어진다). 기업은 저금리로 대출을 받아 새롭게 투자한다(기존의 시장을 공략하거나 새로운 시장을 창출한다). 그렇게 되면 경제는 다시 일어설 수 있다.

케인스는 이 기능이 작동하지 않을 수도 있다고 주장했는데, 1930년대 미국에서 바로 그런 일이 발생했다. 사람들이 아예 저축을 하지 않았기 때문이다(경제 위기가 꽤 심각해지자 가계는 생계를 위해 가진 돈 전부를 써야 했다). 공장이 멈추고 임금은 낮아졌으며 실업이 늘어났다. 케인스가 경제의 가장 중요한 요소라고 지적했던 소비도 침체되었다.

결국, 정치권력이 적극적으로 나서서 경제를 되살려야 했다. 수요, 즉 생산을 다시 늘릴 수 있는 유일한 동력인 투자에 정부가 개입해야 한다는 것이다. 보다시피 케인스 교수는 자신을 부자로 만들어 준 체제를 살리기 위해 이론을 뒤집었다. 공급이 수요를 창출하는 것이 아니라 수요가 공급을 창출한다는 주장이었다.

케인스는 작은 술수를 찾아냈는데, 제2차 세계 대전 이후 모든 고등학생들이 이를 배우게 되었다. 바로 '승수'이다. 성경에도 나오는 오병이어의 기적처럼 매우 단순한 개념이다. 예를 들어, 국가가 공적 자금으로 10억 유로를 투자하면 그로 인해 생기는 고용의 가치와 생산된 재화의 가치는 50억 유로에 달한다. 따라서 민간 기업이 투자를 해도 경제가 돌아가지 않는다면 국가가 나서야 한다. 케인스는 이렇게 매우 구체적인 결론을 미국에 제안했고, 케인스의 주장은 서구 자본주의 국가

들에서 수십 년 동안 채택되었다. 아마도 유럽과 미국에서는 열렬한 환호를 받았을 것이다. 그러나 슘페터나 하이에크를 비롯한 많은 경제학자는 케인스의 이론을 반박했다.

미국의 루스벨트 대통령은 실업을 줄이기 위해 대규모 토목 공사(뉴딜 정책)를 시작했고 부지불식간에 케인스 이론을 적용한 셈이 되었다.

순수 경제학 분야에서 케인스는 위기에 맞설 강력한 무기로 화폐를 활용하자고 제안했다. 그의 참신한 이론도 같은 논리에서 출발한다. 투자와 소비를 촉진하려면 국민에게 현금을 넉넉히 쥐어 줘야 하고 기업가에게는 저금리로 충분히 대출해 줘야 한다. 정부는 중앙은행에 저금리를 유지하고 화폐를 발행하도록 요구하여 돈이 돌도록 하면서 경제에 기름칠을 해야 한다. 그 대신 저축을 해선 안 된다. 유산 계급이었던 케인스는 저축을 '미천한 행동'이라고 생각했다. 케인스는 이러한 주장으로 얼떨결에 전후 30년 동안 서구 세계에 번영을 안겨 줬다. 지금 우리에게 그가 얼마나 필요한지!

모든 시스템이 그렇듯이 케인스 이론에도 허점이 있다. 특히, 어떤 것들은 시간이 지나면서 더욱 큰 결점이 되었다. 그 바람에 케인스와 케인스학파를 비난하는 사람들이 벌떼처럼 몰려들었다.

케인스 자체가 자신의 이론과 완전한 모순을 이룬다. 그는 귀족이라고 떠들고 다녔지만 아직까지도 서민층의 구세주 노릇을 하고 있다. 그런가 하면 자유주의자에, 근대 자본주의의 찬양자면서도 계획 경제 이론가로 유명하다. 경제에 관한 한 특출한 사상가였지만 경제학자라는 직업은 견디지 못했다.

승수 효과(수입이 없다는 가정하에서만 유효*)나 장기 인플레이션 위험 (화폐가 과잉 발행된 결과) 등 케인스주의의 기본 개념들도 신랄한 비판을 받았다.

케인스 경은 공산주의 진영과 보수주의 진영으로부터 동시에 공격을 받았지만, 자신에게 정상을 맛보고 육체와 정신이 즐거운 삶을 가능하게 해 줬던 정치·경제 체제를 진심으로 구하려고 했다. 다만, 1930년에 그가 맞닥뜨린 시스템은 너무 복잡해져서 최초의 경제학자들이 꿈꾸던 것과는 달리 더는 자기 조절을 할 수 없는 상태였다.

● 정부가 푼 돈을 소비자나 기업이 외국으로부터 수입되는 상품 구입에 사용하면 승수 효과는 발생하지 않는다.

케인스식 경제 활성화와 사르코지

세상이 얼마나 빠르게 돌아가는지. 니콜라 사르코지 대통령 시절 프랑스에서 딱 2년간 케인스식 경제 활성화가 이루어졌다는 걸 잊어 버렸다.

2008년, 리먼브라더스가 무너지고 신자유주의의 환상이 끝난 때였다. 자동차 구입비 지원, 연구 개발 세액 공제, 중소기업 지원 대출, 대규모 인프라 사업 및 문화 사업도 모자라 경제 활성화를 전담하는 부처까지 생겼더랬다. 340억 유로를 들여서 경제가 살아나긴 했지만 실망스러운 결과였다. 프랑스 회계 감사원에 따르면 번 돈보다 쓴 돈이 더 많았다.

앗, 케인스에게 이런 일이?

유럽에 긴장이 고조되던 당시 외교관이자 교수였던 케인스는 최선을 다해 조국 영국과 서구 민주주의 국가들이 최악의 사태에 대비할 수 있도록 도왔다. 예술 애호가에 향락가이기도 했던 케인스는 케임브리지에 극단을 설립하기 위해 엄청난 노력을 기울였다. 그는 극단의 투자자이자 회계사(직접 표를 팔기도 했다.), 여주인공의 남편(그의 아내는 셰익스피어를 좋아했다.)이자 기획가(레스토랑 메뉴까지 신경 썼다.)였다. 그가 차린 술집에서는 뭘 팔았을까? 당연히 샴페인이다. 샴페인의 소비를 촉진하기 위해 가격은 물론 비싸지 않았다.

📖 《고용, 이자 및 화폐의 일반이론》(1936)

존 폰 노이만 JOHN VON NEUMANN
1903~1957

게임의 매트릭스

비즈니스가 포커 게임처럼 분석된다는 것을 증명하다

폰 노이만의 삶

잠깐! 여기 진정한 괴짜라고 할 만한 슈퍼 경제학자가 있다. 제2차 세
계 대전이 한창이던 때에 이 천재 경제학자의 연구는 새로운 경제학 이
론을 낳았다. 바로 게임 이론이다.

1903년 부다페스트에서 태어난 그의 원래 이름은 노이만 야노시였
다. 그는 아주 어렸을 때부터 뛰어난 지적 능력을 보여 주며 모든 학교
를 수석으로 졸업했다(취리히 공과 대학마저도). 유럽 곳곳에서 교편을
잡다가 나치 독일을 피해 미국 뉴저지의 프린스턴 대학교로 옮겼다. 그
는 프린스턴에서 또 다른 천재 알베르트 아인슈타인을 만났다. 얼마 후
미군의 비밀 작전에 동원된 폰 노이만은 최초의 컴퓨터 프로그램과 최
초의 로봇을 개발하고 핵무기 경쟁에 참여하면서도 경제에 관한 혁명

적인 책을 썼다.

　그에게 삶은 기나긴 포커 게임이었다.

—

'신경경제학'을 창시한 폰 노이만은 경제 주체의 심리를 움직이는 심오한 메커니즘을 부각했다. 그는 베블런과 마찬가지로 경제적 결정을 내리게 하는 요인은 우리의 뇌 깊은 곳에 있다고 주장했고, 고전학파처럼 가격과 재고량이 전부라고 믿지 않았다. 폰 노이만이 베블런과 결정적으로 다른 지점은, 경제라는 커다란 연극에 참여하는 사람들이 타자의 뇌에 관심을 갖고 있다는 생각이다. 그는 인간이 안전에 대한 욕구, 자신의 말을 들어 주는 사람이 있었으면 하는 마음, 탐욕 등 매우 다양한 동기를 가지고 있지만 최선의 결정을 내리기 위해 타자의 동기를 상상하려 한다고 믿었다.

　폰 노이만은 죄수의 딜레마를 통해 그 결과가 얼마나 끔찍한지를 증명했다. 철학에 동굴의 신화가 있다면 신경경제학에는 죄수의 딜레마가 있다. 그는 두 명의 공범이 각각 취조를 받는 동안 둘 다 입을 다무는 게 서로에게 더 이익인데도 불구하고 형을 줄일 수 있다는 생각에 상대방을 범인으로 지목한다는 사실을 확인했다. 두 죄수는 다른 방에서 최악의 시나리오가 펼쳐지고 있다고 생각하기 때문에 차라리 먼저 상대방을 범인으로 지목하려 한 것이다. 인간 심리의 어두운 단면을 보여 주는 사례다.

폰 노이만이 거대한 뇌를 사용해서 수식으로 정리한 결론은 다음과 같다. 타인의 동기나 반응을 예상하다 보면 우리의 행동에 틀림없이 부정적이지만 결정적인 영향을 미친다.

폰 노이만의 실수

헝가리인 닥터 스트레인지러브[*]가 비즈니스에 접목시킨 연구는 여러 가지 행동을 설명하는 교훈을 함축하고 있다. 상대방에게 절대적으로 좋은 제안을 하지 마라. 그 대신 쌍방에게 이득이 된다고 믿게 하라.

이것은 게임 이론의 가장 큰 문제점이다. 게임 이론은 기업, 사원, 대표와 같이 시장에서 전문적으로 활동하는 주체들 사이에서만 작동하기 때문이다. 샴페인의 예를 다시 들어 보자. 매장에 가서 샴페인을 살 때 우리의 결정은 샴페인 제조사의 생산에 영향을 미치기에는 미미하다. 그래서 아무런 협상도 할 수 없다. 그러나 제조사에 포도를 납품하는 농부는 제조사와 (폰 노이만의 의미대로) 상업적 갈등 관계를 맺게 된다. 따라서 샴페인의 가격이나 생산량에 영향을 미칠 수 있다.

케인스가 아주 좋아할 예인걸.

---

[*] 폰 노이만은 핵무기 개발에 참여한 수학자이자 물리학자로서 스탠리 큐브릭 감독의 영화 〈닥터 스트레인지러브〉의 모델로 알려져 있다. 실제로 폰 노이만은 말년에 정신 질환을 앓으며 CIA의 감시를 받았다.

신경경제학의 창시자 폰 노이만은 경제학의 레인맨이었을까? 천재적인 능력을 지녔고, 한 마리도 아니고 지구상에 존재했던 모든 코끼리의 기억력을 다 합쳐 놓은 만큼 뛰어난 기억력을 가진 존 폰 노이만은 신경학자들에게 수수께끼 같은 존재이다. 그의 전기를 보면, 여섯 살에 벌써 아버지와 고대 그리스어로 대화를 나누었다고 한다. 그는 몇 시간 혹은 몇 년 전에 읽었던 글도 그대로 암송할 수 있었다. 절대적인 사진기억력으로 모차르트나 체스의 대가 보비 피셔 같은 천재들과 어깨를 나란히 한다. 천재들 중에는 뛰어난 능력 때문에 정상적인 직업을 가지지 못한 사람도 있다(영화 〈레인맨〉의 주인공은 엄청난 기억력을 가진 자폐증 환자인데, 실존했던 인물이다). 그러나 폰 노이만은 화려한 경력을 쌓았다. 그는 경제학, 수학, 핵물리학, 양자 역학, 심지어 컴퓨터 공학과 로봇 공학 분야에서 중요한 발전의 단초를 제공했다. 방사능에 장기간 노출되어 이른 나이에 암에 걸린 것이 안타까울 따름이다. 그를 영원히 기리기 위해 달 분화구에 폰 노이만의 이름을 붙여 주었다.

《게임 이론과 경제 행동》(1944)

윌리엄 베버리지 WILLIAM BEVERIDGE
1879~1963

복지의 마술사

복지 국가로 신을 밀어 버리고 서양의 박수를 받다

―

좋은 집안에서 태어나 권태로운 눈빛을 가졌던 윌리엄 베버리지는 가격의 역사에 조예가 깊고 음울한 필생을 보낼 자질을 모두 갖추었다. 그러나 제2차 세계 대전이 발발하면서 오늘날 우리 일상에서 없어선 안 될 사회 보장 제도의 발명가로 남게 되었다.

　1879년 인도 제국의 벵골에서 태어난 그는 두 차례 세계 대전 사이에 영국에서 유행했던 진보 이데올로기에 매료되어 지루한 법률가의 길을 포기했다.

　하지만 안심하시길. 우리의 마음씨 좋은 사회주의자는 런던 정치 경제 대학 총장을 역임하고 귀족 칭호를 받는 등 대영 제국의 실무가 반열에 당당히 들어섰으니.

베버리지의 이론

곤충 채집가만큼 편집증이 심했던 베버리지는 정부의 요청을 받고, 영국 국민이 5년간 히틀러에게 맞서 싸운 뒤 경제를 재건하기 위해 근절해야 하는 사회악의 목록을 써 내려갔다.

그는 가난, 질병, 무지, 게으름, 비위생이라는 사회악과 당장 맞서야 한다고 제안했다. 이렇게 해서 '복지 국가'가 탄생했다. 덕분에 영국 노동자들에게는 하늘에서 폭탄 대신 의료 보험, 실업 수당, 연금, 무료 의약품이 떨어졌다.

그에게 고마워해야 할까? 물론이다. 하지만 '복지의 마술사' 베버리지에게는 다른 생각이 있었다. 국가가 개인의 복지와 직업적 안전에 대

윌리엄 베버리지

해 큰 재정적 부담을 지는 대신 소비(시민은 신나게 돈을 막 써 댈 것이다.) 와 투자(기업은 일이 있으니 시장을 창출할 것이다.) 촉진을 기대할 수 있으리라 믿었다.

　그의 판단은 정확했다. 그의 해법이 '영광의 30년'이라는 로켓의 주 엔진이 되었으니 말이다.

베버리지의 실수

스승으로 여겼던 케인스처럼, 베버리지는 침체기에 대규모 지출을 하는 것이 경제를 활성화하는 방법이라고 주장했다. 제2차 세계 대전이 종식된 후 서구 민주주의 국가들은 보건과 직업 안전 제도에 상당한 투자를 했다. 그리고 실제로 이 정책은 경제의 윤활유가 되었다. 물론, 실업률이 뛰어오르고 (복지 국가를 유지하기 위한) 분담금이 줄어들기만 하면 이 메커니즘은 멈춰 버린다. 사회 안전망을 유지하는 비용이 워낙 엄청나기 때문이다. 이것은 지난 30년 동안 유럽에서 벌어진 일이며, 경제 쟁점이 되어 버린 부채의 막대한 증가를 설명해 준다.

📖 《베버리지 보고서》(1942)

프리드리히 하이에크 FRIEDRICH HAYEK
1899~1992

신자유주의의 다스베이더

인플레이션을 공격하고 케인스를 십자가에 매달다

하이에크의 삶

이번에 소개할 경제학자는 티파티(미국 극우 성향의 농촌 유권자) 신봉자들의 우상인 마가렛 대처의 사상적 지도자이자, 리더스 다이제스트에서 출간한 베스트셀러의 작가, 그리고 케인스의 격렬한 비판자, 대중영합적 경제학자인 프리드리히 하이에크다!

하이에크의 인생 역정은 반세기 동안 그를 따라다닌 이미지보다 훨씬 복잡했다. 1899년 오스트리아 빈에서 태어나 그곳에서 법학, 정치학, 경제학을 배우고 가르치다가 런던 정치 경제 대학으로 자리를 옮겨 명성을 쌓고 국적도 바꿨다.

안경을 쓰고 트위드 양복을 입은 하이에크는 '계획자'에게 평생 집착했다. 슘페터와 마찬가지로, 하이에크는 나치와 볼셰비키 사이에 샌드

위치처럼 낀 중유럽 출신의 지식인이었다. 그의 생각은 정치적으로나 경제적으로 사회를 결집하려는 계획자들의 타고난 천성을 뿌리 뽑겠다는 의지를 반영한다.

하이에크는 친구 케인스의 이론에 열렬히 반대했다. 그들은 맬서스와 리카도 같은 사이였다.

그의 악착스러움은 결국 보상을 받았다. 그는 세계적인 베스트셀러 《노예의 길》이 출간된 지 30년 만인 1974년에 노벨상을 수상했다.《노예의 길》은 오늘날까지도 미국의 베스트셀러 목록 상위에 있다.

물론, 주로 미국 중서부 이야기이지만.*

하이에크의 이론

하이에크의 핵심 개념은 오클라호마 주의 민병대원이 아마 가장 잘 이해할 것이다.** 정부의 계획 경제는 강력한 전염성을 지니고 있기 때문에 필연적으로 경제의 활력을 무너뜨리는 바이러스를 퍼뜨리고, 결국 환자를 격리시키는 전체주의로 귀결된다는 내용이다.

케인스주의가 판을 치던 때에 이런 이론을 내놓는다는 것은 자살 행위와 같았다. 하이에크는 빈곤층 지원, 갑작스러운 위기의 관리, 공동

---

* 미국 중서부는 1990년대 이후 공화당의 아성이 되었다.
** 오클라호마 주는 미국 공화당의 가장 강력한 지지 기반 중 한 곳이다. 오클라호마 주의 티파티 지도자들은 연방 정부의 정책에 맞서기 위해 민병대 창설을 주장했다.

프로젝트 개발 등 정부의 부분적 개입은 일견 유익하다고 인정했다. 그러나 현실에서 정부의 개입주의는 본질적으로 국가의 영향력을 전 분야로 확장하는 것이 목적이다. 계획자인 공무원은 경제 위기가 가중되거나 빈곤층이 증가하거나 공동 프로젝트가 무산될 위험에 처하는 등늘 예상하지 못한 사건에 부딪힌다. 그러면서도 계획히고 계획하는 것 외에는 다른 선택이 없다고 믿는다.

하이에크는 케인스와 정반대되는 의견을 내놓았다. 케인스는 적극적이고 책임감 있는 경제 정책이 장기간 위기가 지속되는 상황에서 강력한 무기가 된다고 봤다. 하이에크는 인플레이션을 절대 악으로 규정하고 강하게 비판했으며, 영광의 시절을 누리던 케인스학파의 권고와 달리 통화량 증가 정책에 반대했다. 경제에 현실적이고 유동적인 가격이주어지려면 통화량 증가를 막아야 한다는 주장이었다. 하이에크의 이론은 훗날 밀턴 프리드먼과 통화주의자들이 품었던 사고의 기초를 이루었다. 하이에크는 통화주의의 진정한 아버지였다.

오스트리아 출신의 하이에크는 다른 경제학자들을 공격하면서 스스로를 더욱 곤란한 상황으로 몰아넣었다. 신고전학파가 등장한 후, 경제학자들은 모든 이론을 수식으로 표현하려고 했다. 그래야 경제학이 물리학처럼 반박하기 힘든 정밀과학이 될 수 있다고 생각했기 때문이다. 하이에크는 그들이 잘못된 길을 택했으며 경제 주체의 행위는 하나의수학식으로 축소될 수 없다고 말했다.

시카고 대학교에서 6년 동안 교편을 잡으면서 그는 인플레이션만큼이나 과학만능주의를 혐오했다. 경제학자들이 모든 것을 계산하려 들었기 때문이다. 경제 정책을 합리적으로 계산하겠다는 생각은 말이 되지 않는다. 시장의 자유로운 힘과 장애물에 구애받지 않는 주체만이 자연스럽게 해결책을 찾을 수 있다. 이러한 하이에크의 주장은 수십 년간 효력을 발휘했다.

애덤 스미스의 컴백이라고나 할까.

하이에크의 실수

2007~2008년의 세계 금융 위기를 겪은 뒤, 밀턴 프리드먼도 주장했던 '자유방임'을 계속해서 옹호하기는 어렵게 되었다. 방임, 정부가 보장하는 공동 규칙의 심각한 부재가 결국 재앙을 불러일으켰기 때문이다. 케인스가 재건기에 영광을 누렸던 것처럼, 하이에크와 프리드먼 듀엣도 2000년대 말까지 경제사상의 최정상에 있었다. 그러나 지금은 월스트리트의 썩어 빠진 중개인을 제외하고는 그 누구도 하이에크의 연구가 직접적으로 영감을 불어넣은 규제 완화를 옹호하지 않는다.

오스트리아인이자 영국인이자 미국인이었던 하이에크는 정치성을 띤 작가였고, 연방 정부의 영향력을 제로로 만들려는 운동(미국의 '소프트한' 극우 세력)의 선봉장이었다. 사실, 사람들은 그의 이론을 제대로 이해하지 못했다. 하이에크의 글을 읽어 보면 그가 진정한 경제적 자유주의자였다는 것을 알 수 있다. 그는 국가가 자유로운 경제를 가지고 있어야만 '자유로울' 수 있으므로 민주주의와 자유주의는 불가분의 관계라고 생각했다. 어쩌면 조금만 목소리를 낮춰도 되었을 뻔했다.

알아두면 좋아요 솔직한 제자, 마가렛 대처

1979년부터 1990년까지 영국 총리를 지낸 마가렛 대처만큼 하이에크의 가르침을 경외하고 열심히 실천한 고위 관리는 없을 것이다. 개인의 책임을 광신한 대처는 과세율을 크게 인하하고 노동조합을 무력화했으며 금융 규제의 자유화에 물꼬를 텄다. 하이에크와 대처는 10년간 열심히 편지를 주고받으면서 영국의 사회 문제뿐 아니라 칠레의 피노체트 정권이 단행한 경제 개혁의 성과에 대해서도 논했다.

《노예의 길》(1944)

존 K. 갤브레이스 JOHN K. GALBRAITH 1908~2006

관리자 엑소시스트

'사회주의자', 민간 기업의 관료주의자를 손가락질하다

갤브레이스의 삶

갤브레이스는 역사상 가장 위대한(실제로 키가 2미터가 넘었다!) 경제학자 중 한 명이다. 그는 가끔 사회주의자로도 변신하는 정통 사회민주주의자 겸 보스턴의 고상한 귀족이라는 요상한 옷을 걸치고 한 세기를 풍미했다. 미국에서는 매우 드문 일이었다. 1908년 캐나다 온타리오 주의 농가에서 태어난 갤브레이스는 토론토와 버클리에서 농업경제학을 전공했다. 그러다가 '미국의 테크노스트럭처(Technostructure)*'를 체계적으로 비판하는 쪽으로 재빨리 노선을 바꿨다. 갤브레이스는 미국의 테크노스트럭처를 두둔한 보수를 받는 전문 경영인과 이들의 오른팔이

● 대기업 내부에서 관료 조직을 이루는 전문가 집단.

맺은 신성 동맹으로 정의했다. 그들은 재산 축적 외에 다른 책임은 지지 않는다는 악마 같은 생각을 퍼뜨렸다.

존 케네스 갤브레이스는 평생 공직 생활을 했던 경제학자이기도 하다. 물론, 민주당 편이었고 케네디 대통령과 존슨 대통령 집권 당시 백악관을 위해서 일했다.

그의 글은 연구 결과를 숨기기 위해 일부러 현학적 표현을 사용해서 체제에 기생하는(연구비 명목으로 나랏돈을 빨아먹는) 동료 경제학자들을 비난하여 미국 엘리트 계층을 경악시켰다.

미국 전역에서 그에게 평생 '급진 좌파'라는 딱지를 붙인 것은 말하나 마나다.

거목 갤브레이스는 미국과 유럽의 국제적 기업 내부에 출현한 '민간 관료주의'를 평생에 걸친 투쟁 목록에 올려놓았다. 현대 자본주의의 수석 심판관이었던 갤브레이스는 거대 사업체의 소유자인 주주들이 풍족한 배당금에 마비되어 새로운 사령관이 지휘하는 시스템과 겨룰 힘을 잃었다고 주장했다. 여기서 새로운 사령관은 관리자, 즉 경영자와 그의 결정을 실제로 수행하는 임원을 가리킨다. 새로운 포식자 부대의 단 한 가지 목적은 쾌락의 지속, 즉 기업의 핵심 목표인 이윤 증가가 아니라 개인의 보수 형태를 다양화하는 것이다.

갤브레이스는 봉건제의 악취가 풍기는 이러한 상황을 잠재적 암 유발자라고 규정했다. 이윤이 없다면 재분배도 없기 때문이다. 사리사욕을 챙기는 수만 명의 모리배들이 속한 서양의 테크노스트럭처 밑에서 중소기업, 노동자, (공공 부문) 관료, 납품업체, 퇴직자, 학생 등 나머지 경제 주체들은 고통을 겪는다. 그것도 모자라 기업은 저항력이 가장 낮은 계층에게 소비를 조장하는 메시지를 계속 보내고, 이는 취약 계층의 불안정성을 더욱 악화시킨다. 그는 베스트셀러 《새로운 산업 국가》에서 소비자에게 상품을 강요하는 테크노스트럭처(가장 영향력 있는 브랜드의 대표들)의 기술을 살펴보았다. 한 세기 반 동안 지켜 온 고전학파의 순진한 믿음과 달리, 시장이 소비자를 지배하는 것이다. 갤브레이스가 '영광의 30년'이 끝나고 생산 시스템의 중심이 질에서 양으로 옮겨간 시대에 책을 썼다는 사실을 떠올려 보자. 당시는 재화의 계획적 진부

화*가 자리 잡은 시대였다.

갤브레이스는 '강요된' 시장 시스템에 맞서 부채 증가를 감수하고라도 대규모 투자를 통해 고용을 지탱하고 최빈곤층의 소비까지 진작하라고 권고했다. 이는 대자본가였던 케인스까지 벌벌 떨게 만들 정책이었다.

갤브레이스의 실수

갤브레이스는 아주 오랜 활동 끝에 자신의 이론이 현실과 다르다는 것을 깨닫고 기뻐했다. '영광의 30년'과 1980년대가 끝나자, 주주들과 대기업 후계자들은 전문 경영인을 아예 두지 않거나 두더라도 경영인의 업무를 엄격하게 제한하기 시작했다. 포드, 비방디, 디즈니, PSA의 전문 경영인들은 실적이 부진했고, (인터넷 등 정보 수단의 발달로) 더 많은 정보를 얻게 된 대중이 그들의 탐욕을 용납하지 않으면서 자리에서 물러나게 되었다. 세상이 변했고 그에 따라 경제 환경도 달라졌기 때문이다. 갤브레이스도 기꺼이 현실을 인정했다. 자본주의 체제의 핵심 원동력은 불안정한 메커니즘을 조정하면서 항상 쇄신한다는 점이다. 시장이 소비자를 지배한다는 것도 오래전 이야기가 되었다. 획일화된 기존의 대형 유통망에 대한 반발로 소비자가 직접 운영하는 대안적 식품 유

● 수요 창출을 위해 신제품을 내놓음으로써 물리적으로 수명이 남아 있는 기존 제품을 더 이상 쓸 수 없도록 만드는 것.

존 K. 갤브레이스

통 방식이 증가한 것이 그 예다. 사실, 갤브레이스의 이론을 땅속에 묻어 버린 것은 정보 사회의 도래이다. 순진하기만 했던 과거의 여성 소비자는 오늘날 가정에서 강력한 관리자로 탈바꿈했다. 그들은 광고에 현혹되지 않고 '가격 전략'이나 포장에 속지 않으며 품질에 무척 까다롭다. 갤브레이스가 만약 21세기에 태어났더라면 계속 농업경제학이나 열심히 공부하지 않았을까.

> ### 앗, 갤브레이스에게 이런 일이?

이럴 수가! 갤브레이스는 위대한 경제학자들 중 유일하게 자신과 똑 닮은 자식을 낳았다. 1952년에 태어난 그의 아들 제임스 K. 갤브레이스는 민주당과 가까운 좌파 경제학자이자 예일 대학교 출신의 교수이다. 제임스 갤브레이스도 아버지와 마찬가지로 통화주의적 사고방식에 물든 시장 경제를 신랄하게 비판하는 논문을 발표했고, 지도층의 행태와 빈곤 문제를 해결하지 못하는 미국 좌파의 무능력을 비판했다. 자신도 미국의 대표적인 경제학자 부류에 속하면서 동료들을 비웃은 점 역시 아버지와 닮았다. 《약탈 국가》라는 책까지 썼으니 아버지가 자랑스러워하겠다.

📖《새로운 산업 국가》(1967)

밀턴 프리드먼 MILTON FRIEDMAN 1912~2006

신자유주의자들의 예수

안경잡이, 케인스의 인플레이션 망령을 때려잡으려 하다

프리드먼의 삶

1912년 브루클린의 가난한 유대인 집안에서 태어난 밀턴 프리드먼은 영광의 순간이 다가오기를 오랫동안 기다렸다. 시카고 대학교의 총명한 학생, 뉴딜의 산실인 전미 경제 연구소(NBER)의 유순한 연구원을 거쳐, 시카고 대학교의 저명한 경제학 교수였던 그는 케인스와 케인스주의의 압도적인 지적 패권 앞에서 숨죽이고 있었다.

  프리드먼은 화폐에 집착하는 전문가로 변신해 시간을 때웠다. 여기에는 철학을 전공한 지적인 아내 로즈의 도움이 컸다. 그는 공화당을 지지했는데, 공화당이 미국인의 자유를 수호할 수 있는 유일한 정당이라고 믿었기 때문이다. 개인의 가치에 집착하던 그가 뜨기 전까지 세운 업적이라고는 몇몇 의원들에게 영향력을 행사해서 징병제를 폐지시킨

일밖에 없다(미국의 징병제는 1973년에 폐지되었다).

1970년대로 접어들면서 체크 셔츠를 입은 우리의 루저는 갑자기 월드 스타로 부상했다. 실업·인플레이션·석유 파동 등 위기가 발생했을 때 그는 화폐 연구를 바탕으로 상당히 논리적인 해결책을 내놓았고, 마침내 1976년에 노벨상까지 거머쥐었다.

드디어 프리드먼은 길지 않은 경제학사에서 가장 영향력 있는 사상 조류인 통화주의(시카고학파)의 수장 자리에 올랐다. 지금도 활발히 활동하고 있는 많은 경제학자가 시카고학파 출신이다.

프리드먼 부부는 자유를 위한 투쟁을 벌였다. 두 사람은 경제에 본질적으로 악영향을 미치는 공권력이 자유 시장에서 사라져야 한다고 주장했다. 1980년대 자유주의 혁명(신자유주의 혁명)에 영감을 주었다는 면에서 하이에크와도 닮았다.

프리드먼 부부의 후손은 선대의 이론을 지나치게 밀고 나갔다. 아들

데이비드는 아나코 자본주의(Anarcho-Capitalism)*의 이론가가 되었고, 손자 패트리는 어느 국가에도 속하지 않는 바다에 '자유 지상주의' 낙원을 만들자고 주장하고 있다.

프리드먼의 이론

프리드먼은 자신의 지적 제국을 건설하기 위해서 한 세기 동안 축적된 통화 관련 통계를 모았고 이로부터 지나치게 많은 돈은 오히려 돈을 죽인다는 결론을 이끌어 냈다.

무슨 말인고 하니, 통화량이 (더구나 빠른 속도로) 지나치게 많아지면 물가가 상승해서 재화 생산량과 균형을 이룰 수 없게 된다는 소리다. 그는 "통화량의 증가는 항상 인플레이션을 초래한다."라고 말했다.

프리드먼의 주장은 엄청난 성공을 거두었다. 위기가 팽배했던 1970년대에 케인스의 해법(유동성 투입을 통한 경제 부양 등)은 더 이상 들어맞지 않으리라는 게 빤했기 때문이다. 프리드먼은 평균 10퍼센트나 되는 인플레이션이 소련 못지않게 미국 가정을 위협하는 적이라고 주장했다. 경제 활성화를 위해 국가가 부채를 지면서까지 개입해 봤자 소용없는 일이다. 국가의 부채가 늘어나고 가계의 실질 구매력이 감소하여 시장 전체가 혼란에 빠지기 때문이다.

시카고학파의 수장은 텔레비전 등 여러 언론 매체에 등장해서 뛰어

● 어떤 경우에도 정부 개입은 정당화될 수 없다고 주장하는 매우 극단적인 무정부 자본주의.

난 언변을 선보였다. 그는 소득을 항상 소득과 임시 소득으로 나누어 호황기에 공적 자금을 투입해서 경제를 부양하는 것이 얼마나 어처구니없는 짓인지 설명했다. 그는 가계가 '항상 소득', 즉 학력·직업·세습 재산 등 현재 보유한 예상 가능한 소득을 기준으로 소비하지, 아무도 기대하지 않고 저축이라는 샛길로 빠질 수도 있는 '임시 소득(기부, 게임 상금)'을 소비의 기준으로 삼지 않는다고 주장했다.

닉슨 대통령과 카터 대통령이 프리드먼이라는 위대한 경제학자에게 귀를 기울인 결과, 프리드먼의 이론은 인플레이션 억제 정책, 변동 환율제 도입, 세금 인하 등 커다란 경제적 변화를 가져왔다.

어쩌면 그의 말에 귀를 너무 기울였는지도.

알아두면 좋아요 **통화주의자의 소중한 방정식**

M×V=P×T 이 책에서 유일하게 소개하는 방정식이다. 어빙 피셔가 처음 증명했고 밀턴 프리드먼과 통화주의 후계자들이 완성한 이 방정식은 통화량 증가가 물가의 전반적인 상승, 즉 인플레이션을 낳는다는 것을 증명한다.

어떻게 이렇게 되냐고? 방정식을 다시 보자. 화폐를 시중에 풀면 (거래량이 늘어나므로) 통화 유통 속도(V)와 통화량(M)이 증가한다. 그러면 재화의 수요(P)가 상대적으로 늘어나고 가격(T)도 상승한다(방정식의 우변과 좌변의 값이 같아야 하기 때문이다).

이해를 못하겠다고? 괜찮다. 프리드먼과 그의 하수인들이 지난 30년간 조언을 해 주었던 서양의 지도자들도 대부분 이해를 못한 것 같으니.

프리드먼의 실수

프리드먼은 어느 카페에서나 흔히 볼 수 있는 낙서 같은 아이디어로 엄청난 성공을 거두었다. 그는 경제에서 나누어 먹을 수 있는 케이크는 원래 조리법대로 만들었을 때 예상했던 것보다 더 크고 맛있을 수 있다고 주장했다. 이때 이론을 성립시키는 조건들은 절대 방해받아선 안 된다는 전제가 있다. 한마디로 애덤 스미스가 200년 전에 했던 "내버려 둬!"라는 말과 똑같은 이론이다. 방임주의는 매우 정치적인 개념이다. 프리드먼은 경제적 자유가 민주주의와 불가분의 관계에 있다고 생각했는데, 하이에크도 똑같은 주장을 펼쳤다. 경제 주체들을 구속하는 사슬을 풀어 주면 완벽한 민주주의에 이를 수 있다는 것이다.

실제로 '규제 완화' 혁명에 가까웠던 통화 정책 혁명이 일어난 지 30년이 지난 오늘날의 평가는 엇갈린다. 국제 금융의 절대적 힘, 통제를 벗어난 증권 시장, 통화 정책의 책임을 회피하고 있는 국가 지도자들,

지나친 민영화 등의 문제는 2008년부터 매일 신문을 장식하고 있다. 시카고학파의 수장은 자신의 수많은 연구를 무력화한 금융 위기가 발생하기 딱 1년 전에 세상을 떠났다.

어찌나 앞날을 잘 예측하는지!

앗, 프리드먼에게 이런 일이?

1977년에 퇴직한 뒤에도 여전히 정정했던 밀턴 프리드먼은 사랑하는 아내 로즈와 함께 텔레비전 프로그램 제작에 야심차게 뛰어들었다. 경제 문제를 다룬 〈선택할 자유〉는 10회로 편성된 일종의 시리즈물이었다. 제목도 하나같이 얼마나 시적인지 모른다. 〈우리 학교에 무슨 일이 있는가?〉, 〈누가 소비자를 보호하는가?〉, 〈통제의 독재〉 등. 미국에서 둘째가라면 서러울 이 독설가 부부는 이 프로그램에서 대중에게 통화주의 이론을 열심히 설명했다. 1980년에 교육 채널 PBS에서 방영된 이 프로그램은 대단한 인기 덕분에 책으로도 나와 베스트셀러가 되었다. 프리드먼은 이후 로널드 레이건의 숨겨진 고문으로 다시 일하기 시작했다.

📖 《자본주의와 자유》(1962)

폴 새뮤얼슨 PAUL SAMUELSON
1915~2009

케인스주의와 자유주의를 혼합한 마술사

케인스학파와 고전학파에게 파티의 끝을 알리다

새 뮤 얼 슨 의 삶

보통 사람은 잘 모르겠지만 동료들 사이에서 청송이 자자했던 새뮤얼슨은 위대한 경제학자들 중에서도 으뜸이었다. 왜냐고? 경제학자로서의 기나긴 삶을 어떤 이론을 만들기 보다는(사실 이론은 많이 만들었다. 난해해서 그렇지.) 자신이 사랑한 경제학을 신뢰할 만한 학문으로 만드는데 바쳤기 때문이다. 경제학에는 그런 작업이 정말 필요했다.

제1차 세계 대전이 한창이던 1915년에 인디애나 주에서 태어난 새뮤얼슨은 시카고 대학교와 하버드 대학교에서 공부했고(그는 슘페터의 제자였다), 매사추세츠 공과 대학교에서 교직 생활을 시작했다.

직접 쓴 경제학 교과서 《경제학》이 반세기 동안 중쇄를 거듭했을 정도로 모두의 존경을 받은 폴 새뮤얼슨 교수는 자신의 일에 대해 완벽한 비전을 갖고 있었다. 그는 대학에서 학생들을 가르치는 모범적 교수, 경제학의 미래를 밝히는 이론가, 방정식이라는 인류 공용어로 이론을 설명하는 완벽한 수학자, 여론과 대중 앞에 책임이 있는 지도자의 결정에 영향을 줄 수 있는 참여형 지식인을 지향했다.

증거가 있냐고? 1950년대 말, 존 F. 케네디의 선거 운동에 참가했던 그는 2004년에도 존 케리 후보를 지지했다.

새뮤얼슨의 이론

새뮤얼슨의 핵심 이론은 별로 대단해 보이지 않을 수도 있지만, 이론이 분산되어 제 무덤을 파던 경제학을 살려 냈다.

새뮤얼슨의 이론에는 경제 메커니즘에 대한 케인스식 이해나 고전학파식 이해가 없다. 어떤 경우에는 케인스식 설명이 들어맞고(가격이 지나치게 경직되면 국가가 개입해야 한다), 또 어떤 경우에는 고전학파의 설명이 적절할 뿐이다(가격은 저절로 맞춰진다). 극단적으로 도식화해 보면, 위기 때에는 케인스 경이 마련한 해법이 최고이지만 호황기에는 고전학파의 규범이 더 잘 맞는다. '영광의 30년'이 시작되었을 때 두 학파 간의 전쟁에도 불이 붙기 시작했다. 그러자 현자 새뮤얼슨은 특정 학파를 무조건 따르지 말고 의사처럼 행동하라고 권고했다. 진단을 내리고 가장 적절한 치료법을 적용하라는 것이다. 말하자면 처음으로 돌아간 꼴이다. 경제학은 정치 지도자들에게 변화하는 경제 상황에 대한 조언과 해법을 제시하기 위해 산업 자본주의와 함께 탄생했다는 사실을 떠

폴 새뮤얼슨
in

자, 자⋯.

애덤 스미스 존 케인스

'자, 자'가 웬 말이야?

둘 중 하나를 고르란 말이야.

이번만큼은 저 고전학파 영감탱이 말이 맞아. 사람은 선택을 할 줄 알아야 해.

(기왕이면 날 찍으라고.)

존경하는 조상님들, 잠깐 다른 의견을 아뢰겠습니다.

최고의 해법은 고전학파랑 케인스학파의 대립이 아니라 둘을 합친 것에서 나오지 않을까요?

모두가 힘을 합치면 얼마나 대단한 일을 할 수 있을지 생각해 보세요.

제 철학은 간단합니다. 때로는 고전학파의 해법이 적절하고, 때로는 케인스학파의 해법이 낫다는 것이죠.

와우, 훌륭!

저⋯ 천재!

이제 어리석은 전쟁은 그만두자고!

샴페인으로 축하합시다!

안 돼! 위스키를 마셔야지!

그럴 줄 알았어, 노땅! 난 샴페인을 마실 거야!

그럼 위스키랑 샴페인을 함께 마시죠?

와, 또 훌륭!

천재 맞군!

올려 보자. 그래서 처음에는 경제학을 '정치경제학'이라 부르지 않았던가. 경제학자들은 초심으로 돌아갈 필요가 있었다.

한 번 예산 적자가 영원한 예산 적자는 아니다

여타 경제학자들처럼 방정식에 미쳐 있던 새뮤얼슨은 지도자들에게 완벽한 조언을 해 줘야 한다는 책무를 잊지 않았다.

그는 (시장의 주문을 뒷받침하면서) 적자를 어느 정도 내는 것이 적절한 때가 있고, 적자를 줄이는 것이 더 나을 때(주문이 많아서 경제가 돌아갈 수 있을 때)가 있다는 것을 보여 주었다. 미국인은 고정된 상태가 아니라 주기를 기준으로 사고하기 때문이다. 기업이 단기 수요가 증가하리라고 예상해서 설비재(기계)에 과잉 투자하는 주기가 있는가 하면, 위기가 다가오리라 믿고 주문을 필요보다 많이 줄이는 주기가 있다. 정부는 전자의 경우에 국가 부채를 줄이는 기회로 삼아야 하고, 후자의 경우에 기업을 대신해서 허리띠를 푸는 것이 좋다.

새뮤얼슨의 실수

현존하는 (최고의) 사상을 종합하고, 경제학자라는 존재를 띄우기 위해 국제 로비까지 펼친 사람을 인정하지 않기란 힘들다. 하지만 〈스타워즈〉의 데스스타처럼 새뮤얼슨 교수의 시스템에도 허점이 있었으니, 그것은 〈클로저〉의 사진작가보다 더 엄격한 삶을 사는 경제학자들에게서 흔히 볼 수 있는 거만함이다. 그들은 '경제 살리기 인터내셔널'에 나가기보다 자신이 세운 이론의 영적 스승이 되는 쪽을 더 좋아할 것이다.

그래서 21세기에도 슈퍼 경제학자들의 싸움이 계속되고 있는 것은
아닐까.

앗, 새뮤얼슨에게 이런 일이?

경제학자라는 직업을 알리려는 열성적 로비스트였던 새뮤얼슨은 1950년대부
터 노벨 경제학상을 제정하기 위한 물밑 작전을 시작했다. 노벨상의 창시자인
알프레드 노벨은 처음에 경제학상까진 만들지 않았다. 새뮤얼슨은 1947년에
미국 경제학자들을 위해 만들어진 클라크 메달이 경제학에 오히려 해가 된다
고 생각했다. 경제학을 학문이 아니라 미국의 지배 이데올로기에 정당성을 부
여하는 도구로 전락시켰기 때문이다.

1969년 1월, 스웨덴 정부가 드디어 노벨 경제학상을 처음 수여했다. 엄밀히
말하면, 노벨을 기리기 위해 스웨덴 중앙은행이 주는 경제학상이다. 세계 최
초의 중앙은행인 스웨덴 중앙은행의 설립 300주년을 기념하려는 움직임과 맞
물린 덕분이었다. 새뮤얼슨은 제자들이 상을 받을 수 있도록 즉시 손을 썼다.
그 자신도 1970년에 상을 받았으니 대단하다고 할 수밖에.

시간이 지나면서 노벨 경제학상은 하이에크, 프리드먼, 토빈, 알레, 센, 스티
글리츠, 크루그먼 등 우리의 슈퍼 경제학자들에게도 주어졌다. 그러나 후보는
금세 줄어들었고, 상은 점점 더 무명의 학자들에게 돌아갔다.

게다가 수상자 중 70퍼센트가 미국인이었다. 최초의 여성 수상자는 2009년
에 상을 받은 엘리너 오스트롬인데, 그녀는 스스로를 경제학자가 아닌 사회학
자로 소개한다.

📖 《경제 분석의 기초》(1947)

현대의 경제학자들

21세기

위기 만세!

—

아서 래퍼, 제임스 토빈, 게리 스탠리 베커, 케네스 애로, 로버트 루카스, 모리스 알레, 조지프 스티글리츠, 아마르티아 센, 폴 크루그먼, 미셸 아글리에타, 대니얼 카너먼…. 20세기 말과 21세기 초의 경제학자들이 역사에 길이 남은 애덤 스미스, 데이비드 리카도, 카를 마르크스, 존 메이너드 케인스, 밀턴 프리드먼 급의 스타가 되려면 몇 십 년을 더 기다려야 할 것 같다.

대부분 연로한 나이에도 불구하고 여전히 활동 중인 현대의 경제학자 11인은 냉전 시대의 케인스학파와 통화주의자들의 대립은 저리 가라 할 정도로 계파 싸움에 기력을 소진하고 있다.

신문을 펼쳐 보자. 현대의 경제학자들은 '신케인스학파', '신고전학파', '조절학파', '후기 케인스학파', '새고전학파' 같은 표현을 선호하나 보다. 개중에는 '행동주의자'를 자처하는 학자들까지 있다. 모든 경제사상을 총망라하겠다는 광대한 계획을 세웠던 폴 새뮤얼슨이 무덤에서 벌떡 일어날 판이다.

새로움에 열광하는 11인은 마치 이론적 무도병(舞蹈病)에 걸린 듯 경제학을 길 잃은 학문처럼 보이게 했다.

세금 제도에서 심리학, '인적 자본'에서 '비대칭 정보'에 이르기까지 그들이 만들어 낸 이론은 훌륭하지만 전체적 일관성이 부족해 보인다.

30여 년 전부터 현대 경제학자들은 자신의 의지와 상관없이 위기를 맞이했다. 여러 번의 위기. 그리고 점점 더 복잡해지는 위기. 경제의 특정 상황이 아니라 경제 구조 자체로 변질된 위기. 석유 파동에서 2007~2008년 금융 위기에 이르기까지 여러 형태의 위기들이 계속해서 우리를 놀라게 한다. 그리고 그것은 시작에 불과하다.

위기 만세! 위대한 경제학자들이 지금처럼 할 일이 많은 때가 없었으니!

아서 래퍼 ARTHUR LAFFER
1940~

세금 정책 곡선

역 'U'자 곡선이 세금 인하의 광신도들에게 영감을 주다

래퍼의 삶

로널드 레이건이나 니콜라 사르코지 같은 경제 천재들이 이해할 수 있는 그래프를 만들어 낸다면 경제학자로서 성공한 셈이다.

역 'U'자 곡선으로 역사에 이름을 남긴 자유주의자 아서 래퍼도 그런 삶을 살았다고 할 수 있다. 래퍼의 이론은 다섯 살짜리 어린아이도 이해할 수 있을 정도로 간단하다. 지나친 세금은 세금을 죽인다.

1940년 미국 오하이오 주에서 태어난 래퍼는 예일 대학교와 스탠포드 대학교 등 최고 명문대를 주름잡던 전후 세대 경제학자들 중 한 명에 불과했다. 하지만 공화당, 그리고 통화주의자들의 스승 밀턴 프리드먼을 따르면서 불멸의 존재가 되었다.

1974년 어느 날 저녁 워싱턴의 한 레스토랑. 아이디어 넘치는 더벅

머리 학자가 미국 우파의 스타로 떠오를 두 사람에게 자신의 곡선을 팔았다는 전설적인 이야기가 있다. 그들은 딕 체니(당시에는 교수였지만 훗날 미국 부통령이 되었다.)와 도널드 럼스펠드(당시 국방부 장관이었다.)였다. 워터게이트 사건이 터진 뒤라 두 사람은 디저트가 나오기도 전에 래퍼의 처방전을 꿀꺽 삼켰다고 한다.

래퍼의 이론은 공화당이 대중의 지지를 다시 끌어 모으는 데 중요한 역할을 했다. 그동안 래퍼 본인은 보이지 않는 곳에서 모든 것을 조정했다. 그는 1981년에 로널드 레이건을 부추겨 세금을 3년간 25퍼센트씩이나 대폭 인하시켰고 밀턴 프리드먼이 만든 텔레비전 프로그램에 나가 환영을 받으면서 정책을 설명하도록 만든 무리 중 한 명이었다.

그 뒤, 아서 래퍼는 레이더망에서 사라졌지만 그의 곡선만은 보이저 1호처럼 무한대로 운항을 계속하고 있다.

래퍼의 이론

래퍼는 그때까지 이론화되지 않았던 세금의 수익성을 연구했다. 래퍼 곡선은 상식적으로 보였다. 국가가 세금을 한 푼도 거둬들이지 않으면 (세율 0퍼센트) 세수는 0이 된다. 그런데 국가가 모든 소득을 세금으로 거둬들이면(세율 100퍼센트) 그때도 세수는 0이 된다. 아무도 일하려고 들지 않기 때문이다. 따라서 납세자가 사기를 치거나 일을 덜 하려는 생각이 들지 않는 범위 내에 세금을 가장 많이 거둬들일 수 있는 최적의 세율이 존재하게 된다. 자유주의자와 통화주의자의 전형인 래퍼는

아서 래퍼

경제 당국이 최적의 세율에 가깝게 세금을 인하해야 한다고 주장했다. 기업의 투자를 촉진하는 것이 전체 경제를 위하는 일이기 때문이다. 물론, 최적의 세율이 과연 얼마인가는 아직까지 수수께끼로 남아 있다. 래퍼는 최적의 세율이 해당 국가, 경기, 정치적 선택 등에 따라 결정된다고 넌지시 말하는 데 그쳤다. 이 문제는 머나먼 과거로 거슬러 올라간다. 대혁명 이전에 프랑스의 '애덤 스미스'가 될 뻔했던 프랑수아 케네는 이미 최고 세율을 20퍼센트로 계산했다. 150년 뒤, 케인스는 30퍼센트라는 수치를 내놓았다. 그렇다면 래퍼는? 그는 한 번도 정확한 숫자를 제시한 적이 없다. 약삭빠르긴! 그가 대학에서 장수하는 비결이 바로 이 수수께끼이다.

래퍼의 실수

—

경제학을 제법 공부한 사람이라면, 세율이 노동자와 기업의 활동에 미치는 영향이라는 어려운 주제에 대해 한 번쯤 생각해 보았을 것이다. 지나치게 높은 세금이 장기적으로는 경제를 안락사시킬 위험이 있다는 사실은 자명하다. 급격한 세금 정책은 역사의 흐름을 바꿀 정도로 심각한 혼란을 초래한다. 미국과 프랑스에서 일어난 혁명이 바로 그 결정적 증거다.

　세금은 중요한 문제다. 아마 현대 경제학에서 가장 민감한 사안일지도 모른다. 하지만 이제는 최고 세율의 톱니효과*만 가지고 세수의 수준을 설명할 수는 없다. 소득 신고를 하면서 많은 시민이 탈세범으로

변할 수도 있는데, 소득세가 단지 1포인트나 2포인트 올랐다고 해서 이들이 바로 탈세의 길로 들어서는 것은 아니다.

실제로는 국세청의 집요한 탈세자 추적(그리고 국세청이 가진 정보 능력), 세금 회피 경향(조세 회피 행위), 실질적인 경제 상황(국가의 가족 정책) 등 수많은 요소가 납세자의 행위에 영향을 미칠 수 있다. 래퍼 교수가 아내에게만 집안의 세금 관리를 너무 맡긴 건 아닐까?

• 소득이 줄어들어도 이전의 높아진 소비 수준은 쉽게 줄어들지 않는다는 설명.

똑같은 조세 정책을 펼친 올랑드와 레이건

래퍼는 레이건 행정부를 설득해서 미국 민주주의의 뿌리 깊은 전통과 결별하도록 했다. 사실, 우리 입장에서는 부유층에 높은 세금을 매기는 전통이 좀 놀라울 수도 있다. 대공황 시절에 도입된 이 조세 정책은 기업가가 권력을 남용하고 과잉 임금을 받지 못하도록 막는 것이 목적이었다. 전쟁 중은 물론이고 그 후(루즈벨트, 트루먼, 케네디 등)에도 미국 최상류층의 최고 소득세율은 90퍼센트를 넘었다. 1970년대에 보수주의자들의 혁명이 일어나기 전까지도 70퍼센트 수준이었다. 1981년, 레이건이 집권하면서 최고 세율은 50퍼센트까지 떨어졌다. 세금 방패의 원조 격이었다. 30년 뒤 프랑스에서는 올랑드 대통령이 최고 세율을 75퍼센트로 정했는데, 이는 당시 문제되었던 것처럼 부자들이 지나치게 많은 소득을 가져가지 않도록 재산을 몰수하는 식으로 세제를 되돌리는 것은 아니었다. 부조리한 이유들 때문에 실제 세율이 50퍼센트밖에 되지 않았기 때문이다. 어쨌든 이 세율도 2년 동안만 유효할 뿐이었다.* 30년의 시간차를 두고 미국과 프랑스의 대통령이 뜻을 같이 한 셈이다.

📖 《사모펀드의 강점》(2009)

• 일명 부유세라고 불린 75퍼센트 세율은 별다른 효과를 거두지 못하고 2015년에 폐지되었다.

제임스 토빈 JAMES TOBIN
1918~2002

금융이라는 지하철의 검표원

세금 하나로 대안 세계화 운동가들의 스타가 되다

토빈의 삶

—

토빈, 그는 자유주의라는 악을 물리칠 수 있을 정도로 무시무시한 '토 빈세'에 자신의 이름을 내건 인물이다. 그러나 제임스 토빈은 입에 단 도를 문 혁명주의자와는 전혀 딴판인 사람이었다. 1918년에 미국 일리 노이 주에서 태어난 그는 자유 무역과 세계화를 옹호하는 합리적인 경 제학자였다. 문이 쾅 닫히는 소리에도 깜짝 놀랄 정도로 심약한 학자 였던 토빈은 자신을 경외하는 사람들과 본인이 전혀 닮지 않았다고 말 하곤 했다. 그러나 하버드 대학교에서 공부한 토빈 교수는 1970년대에 혼자서 상상했던 것보다 훨씬 더 혁명적인 개념을 제안했다. 금융 투기 를 잠식하기 위해 일부 금융 거래에 눈곱만한 세금을 매기자고 주장한 것이다. 그렇게 해서 저 유명한 토빈세가 탄생했다. 그러나 세금계의 프랑켄슈타인과도 같았던 토빈세는 주인님의 통제를 금세 벗어났다. 게다가 주인님은 백악관에서 자신의 창조물을 길들이느라 무척 바빴다. 1970년대 초반, 토빈은 10년 전 케네디 대통령 재임 시절과 마찬가지로 닉슨 대통령의 고문을 맡고 있었다. 그 후, 토빈 역시 래퍼처럼 무대 뒤로 사라졌고 토빈세만 반복해서 언급된다. 좌파, 환경 운동가, 대안 운동가 등 금융의 적이라 할 수 있는 혁명주의자들 때문이다. 토빈세는 2012년 프랑스 의회에서 니콜라 사르코지 덕분에 가결되면서 그 가치를 인정받았다. 하지만 토빈세의 적용은….

토빈의 이론

—

1970년대에 제임스 토빈이 만든 세금은 무절제한 금융 산업을 경멸하는 자들에 의해 왜곡되어 여러 형태를 띠게 되었다. 토빈, 그리고 나팔바지를 입은 그의 동료들은 급변하는 환율이 초래하는 끔찍한 결과를 상쇄할 해법을 찾으려고 했다. 1972년, 브레턴우즈 체제하의 국제 통화 체계(화폐의 가치가 변하지 않는 고정 환율 제도)가 금융의 역사에서 망각의 길로 들어섰다는 것을 떠올려 보자. 이로 인해 국가 간에 오가는 자본의 흐름이 통화 체계를 심각하게 뒤흔들기 시작했다. 환율 거래에 최소한의 세금을 매기면(젊은 토빈은 0.05~0.2퍼센트를 제안했다.) 환 투기를 제한할 수 있을 것이다. 1978년에 고안한 이 아이디어는 혁신적이었다. 그렇지만 너무 혁신적이었나? 이 아이디어는 프랑스의 대형주나 이탈리아의 극초단타매매(High Frequency Trading)* 등 매우 실험적인 사례

제임스 토빈

를 제외하고는 전혀 적용되지 않았다.

저주받은 토빈세에만 국한시켜 토빈을 평가한다면 불공평한 일이다. 생각보다 그리 심약하지 않았던 토빈은 레이건과 통화주의가 한창 부상하던 1981년에 케인스 이론을 필사적으로 옹호한 공로를 인정받아 노벨상을 수상했기 때문이다. 얼마나 외로웠을까.

● 고성능 컴퓨터를 이용해서 순식간에 초고속으로 주식을 수천 번 거래하는 매매.

토빈의 실수

―

토빈 교수는 현대 금융 거래의 극단적인 정보화를 예측하지 못했다. 정보화로 인해 점점 더 많은 금융 거래를 추적하지 못하게 되었고 따라서 세금도 매기기 어려워졌다.

하지만 그건 아무것도 아니다. 자고로 세금이란 재분배의 기능을 가지고 있는데 그는 토빈세를 걷어서 무엇을 할지 신경조차 쓰지 않았다. 바로 이 부분에서 제임스 토빈을 추앙했던 좌파가 1990년대부터 비틀거리기 시작했다. 대표적인 예가 바로 아탁(ATTAC)이다. 프랑스에서 창설된 아탁은 국제 금융 거래에 무조건 세금을 매기고 여기서 발생하는 수입을 개발도상국 지원에 사용한다는 목적을 가졌다.

프랑스와 영국에서 주식을 매입할 때 매기는 세금이 200년 전부터 존재했다는 사실은 얄궂다. 이 세금은 2008년 니콜라 사르코지 대통령 재임 시절에 폐기되었다.

📖 《경제학 논문집》(1987)

게리 스탠리 베커 *GARY STANLEY BECKER*
1930~2014

인적 자본의 마피아

소비자가 경제학자처럼 행동한다고 믿게 만들다

베 커 의 삶

갱스터, 마약 중독자, 매춘부가 결국 기업가처럼 행동한다는 것을 현란한 수식으로 증명하라. 그러면 유명세는 따 놓은 당상이다. 거기에다가 결혼이란 최고의 배우자감을 물색하는 것이며, 공부는 학생이 자신의 지적 자본에 투자하는 것이라고 덧붙인다면 성공 확률은 더 높아진다. 1930년 뉴욕 브루클린의 매우 가난한 가정에서 태어난 게리 스탠리 베커의 경력을 극단적으로 요약하면 이렇다. 좋은 의미로나 나쁜 의미로나 독창적인 정신의 소유자였던 그는 시카고 대학교에서 메피스토펠레스 같은 밀턴 프리드먼에게 훈련을 받았고, 스승을 초월하는 경지에까지 이르렀다. 급진적 자유주의자인 베커는 경제를 이리저리 뒤집어 봐도 역시 최고의 결정적 해법은 시장밖에 없다고 했다.

200년 동안 경제학자들이 머리를 굴린 결과가 겨우 이 정도일까? 그렇지 않다. 베커는 '인적 자본'이라는 새로운 밭을 일궜다. 그는 경제 주체의 개인적 결정이 어떻게 합리적 행동으로 이어지는지 살펴봄으로써 유명세의 발판을 마련했다. 유럽에서는 베커의 인지도가 매우 낮지만, 오랫동안 〈비지니스 위크〉의 논설 기자로 일하고 블로그와 신문에 글을 쓰며 자신의 연구를 대중에게 알기 쉽게 전달해 지금까지도 가장 자주 언급되는 미국의 경제학자 중 한 사람이 되었다. 그는 극단적으로

175

냉소적인 이론으로 1992년에 노벨 경제학상을 수상했다. 그에게 은퇴를 결심시키는 일은 케네디에게 샴페인을 포기하라고 하는 것만큼이나 쉬웠다!

베 커 의 이 론

베커의 인적 자본 이론은 전 세계에서 논의되었다. 게으른 경제학자들이 등한시했던 사실에 바탕을 뒀기 때문인데, 개인도 기계나 노동자에게 투자하는 기업가처럼 자기 자신에게 투자할 수 있다는 것이다.

애덤 스미스의 이론에서는 사회 구성원 간의 계약 조건이 아주 간단하다. 인간은 누구나 자기 이익을 챙기려 하는 이기주의자이다. 하지만 그 이기주의는 뜻밖에도 공동의 이익을 추구하는 방향으로 수렴된다. 그런데 베커는 인간이 개인주의적인 것은 맞지만 비겁한 사람, 비열한 사람, 정직하지 못한 사람이 있는가 하면 공감 능력이 뛰어난 사람, 올곧은 사람, 덕이 많은 사람 등 각양각색이라고 보았다. 그리고 이러한 다양성 때문에 합리적인 선택들이 쌓여 조화를 이룬다고 주장했다. 경제적 주체인 개인은 자기 자신, 자신의 능력, 자신이 생각하는 미래에 대한 판단을 기준으로 해서 선택을 한다.

어느 대학생의 경우를 보자. 변호사를 꿈꾸는 청년은 넘치는 자신감으로 성공하리라는 확신을 가지고 장시간 학업에 매달린다. 이렇게 되면 변호사보다 인정을 덜 받는 노동을 몇 년 동안 해서 벌 수 있는 소득을 자발적으로 포기하게 된다. 또 법복을 입게 되어도 자신에 대한 투

자를 멈추지 않을 것이다. 베커는 똑같은 논리를 '범죄자'에게도 적용해서 유명해졌다. 범죄자는 경찰의 단속이나 형사 처분이 줄어들면 더많은 범죄를 저지른다(돈을 벌 수 있는 확률이 높아졌기 때문이다). 반대로 관련 당국이 적극적으로 나서면 범죄자의 수가 줄어든다(당분간은 손을떼는 것이 낫기 때문이다).

베커는 개인에게 이혼이나 강도질의 기회비용이 매우 높다고 보았다.

베 커 의 실 수

———

베커의 뛰어난 이론은 호모 이코노미쿠스가 합리적이라는 옛 이론을 새롭게 재조명했다. 그러나 일반적으로 우리가 결혼을 하는 이유는 (적어도 처음에는) 사랑 때문이다. 마약을 자꾸 하는 것은 경찰이 게을러서가 아니라 마약에 중독되었기 때문이고, 아이를 여럿 낳는 것은 노년을 대비하는 게 아니라 기적 같은 경험을 하고 싶기 때문이다. 공부를 하는 것도 은행 잔고를 부풀려 줄 직업을 갖겠다는 계산 때문이 아니라 어렸을 때의 꿈을 이루기 위해서이다. 대중이 베커에게 열광한 이유는 그의 이론이 극단적인 개인주의 시대를 사는 우리의 모습을 반영했기 때문이다.

그러나 그런 시대는 이제 지나갔고, 베커의 이론도 부분적으로 퇴색했다. 건축가, 과학자, 교수, 기자 등의 전문직 종사자에게 공부하는 데투자를 많이 했으니 앞으로 돈을 많이 벌 수 있으리라고 말할 수 있을까? 평판과 특권 중심의 사회에서는 프리미엄(돈)이 인적 자본에 대한 요구가 저급한 영역으로 흘러갈 가능성이 매우 높다.

시카고 대학교에서 받는 월급이 이러한 진리를 간과하게 만든 걸까?

■■ 《인적 자본》(1964)

케네스 애로 KENNETH ARROW
1921~

신고전학파를 부활시킨 드라큘라

순수하고 완벽한 경쟁 신화를 다시 테이블 위에 올리다

애로의 삶

―

늘 한결같은 케네스 애로! 동료들 사이에서 칭찬이 자자하지만 대중에게 잘 알려지지 않은 애로는, 내가 이 글을 쓰고 있는 순간에도 여전히 살아 숨 쉬고 있다. 이러다간 새뮤얼슨이나 갤브레이스의 장수 기록을 깰 판이다.

1921년 뉴욕에서 태어난 애로는 날씨의 예측 불가능성이나 유권자의 예측 불가능한 표심, 소비자의 행복 극대화 등과 같은 복잡한 문제를 연구했다.

청년 애로는 사회학자로 활동을 시작했으나 1941년에 갑자기 미국 공군의 기상 예보관으로 복무하게 되었다. 그는 음파 탐지기 앞에 꼼짝 않고 앉아 있다가 희한하게도 기상 예측의 모형화에 관심을 가졌고, 그

열정으로 경제학자가 되었다. 경제 위기와 태풍이 근본적으로 닮았다고 생각했기 때문이다.

조용히 경제를 연구하고 싶었던 애로는 대중 영합적인 세태를 따르지 않고 50년 동안 주로 동료 학자들을 위한 이론 연구에 매진했다.

애로의 연구실 밖으로 나온 개념이 딱 하나 있다. 바로 '불가능성 정리'다. 애로는 200년 앞서 프랑스의 수학자 콩도르세가 주장한 내용을 계산으로 증명해 냈다. 콩도르세의 역설은 집단의 의사 결정 과정(국민 투표, 정부의 정책 결정, 기업의 홍보 전략 등)에서 각 개인의 취향에 따른 결정은 전체적으로 비논리적일 수 있다는 주장이다. 예를 들어 볼까? 2002년 프랑스 대선을 살펴보자. 유권자는 두 명의 후보가 겨루는 2차 투표에서 극우파인 장 마리 르 펜이 아닌 우파의 자크 시라크를 선택했다. 그런데 1차 투표에서 장 마리 르 펜에게 졌던 좌파의 리오넬 조스팽이 2차 투표에 올라왔다면 유권자는 자크 시라크가 아닌 리오넬 조스팽을 선택했을 것이다(모든 전문가의 공통된 의견이다). 따라서 (전문가들의 판단이 틀리지 않았다는 가정하에서) 개인의 선택을 판단 기준으로 삼는다면 논리적 결과를 예측하지 못할 가능성이 분명히 존재한다.

불가능성 정리는 모든 사회생활에 적용될 수 있다. 캘리포니아의 어느 젊은이 무리를 떠올려 보자. 그들은 서핑하기, 영화관 가기, 청소하기 중 무엇을 할지 함께 결정해야 한다. 그런데 그들이 어떤 선택을 할지 예측하는 것은 불가능하다. 청소를 꼭 해야 한다는 걸 알면서도 서핑을 정말 하고 싶어서 만장일치로 서핑을 선택할 수도 있다. 문제는 해변의 입장 시간이 지났다는 것이다. 그러면 젊은이들이 청소를 할까? 그렇지 않다. 그들은 영화관에 갈 것이다.

공군의 기상 예보관이 되면 그다음에 뭐든지 될 수 있는 모양이다.

케네스 애로

애로의 이론

—

애로는 경제사상사에 매우 파격적인 기여를 한 공로를 인정받아 1972년에 노벨 경제학상을 수상했다. 그는 신고전학파(발라, 파레토, 제번스, 마셜 등)의 광신도들이 그토록 찾아 헤매던 성배 '일반 균형'이 어떤 경우에는 존재할 수도 있음을 증명하여 신고전학파를 부활시켰다. 여러 시장에 존재하는 각 균형의 합이 아니라 경제 전체의 균형이 존재한다는 주장이다.

이것이 경제학과 학생들이 '애로 – 드브뢰 정리'라는 이름으로 달달 외우고 있는 이론이다(애로는 연구를 위해 프랑스 출신 미국인 제라르 드브뢰와 손을 잡았다). 두 사람은 최대 만족을 추구하는 경제 주체들이 모인 시장이 어떻게 순수하고 완벽한 경쟁을 낳을 수 있는가를 계산했다.

그렇게 해서 케인스주의와 통화주의라는 거시 경제학적 관점이 득세하던 시기에 소비자, 기업, 그 외에 경제의 '개별적' 주체에서 출발하는 미시 경제학적 고찰이 부활했다. 케네스 애로는 정말 골칫거리만 찾아다닌 모양이다!

애로의 실수

—

신고전학파를 부활시킨 드라큘라 같은 존재였던 애로는 경제를 해석하고 개혁한 케인스학파의 도구에 맞서 전쟁을 벌였다. 애로가 보기에, 진정한 경제학은 연구실과 미시 경제학의 수식으로 가능하지 거시 경제학을 믿는 정치 비평가들의 손에서 나오는 게 아니었다. 사촌격인 '새고전학파'와 먼 조상격인 통화주의자처럼 애로도 집착의 희생자였다. 케인스주의라는 판도라의 상자를 영원히 닫아 버리고 좀비 같은 케인스의 심장에 말뚝을 박아 졸업 파티의 우스꽝스러운 농담거리쯤으로 만들고 싶었던 것이다. 애로가 동료들 사이에서는 역사상 가장 위대한 경제학자 3인방(1위 폴 새뮤얼슨, 3위 애덤 스미스)에 꼽힐지 몰라도 그의 게릴라 작전은 실패하고 말 것이다. 거시 경제학이 경제적 사고에 완전히 스며들었기 때문이다. 2000년대 이후 대중은 경제학에 관심을 가질 때 거시 경제학이라는 돋보기를 들이댈 정도가 되었다. 게다가 경제 주체가 절대적인 합리성을 갖는다는 가정을 바탕으로 시장의 메커니즘을 설명하는 것은 무의식과 가치를 저평가했다는 비난을 받을 수 있다. 베블런과 슘페터를 그렇게 쉽게 지울 수는 없지!

앗, 애로에게 이런 일이?

위대한 경제학자들의 길은 가끔 도무지 알 수가 없다. 현대 신고전학파의 교황격인 애로는 1994년에 진짜 교황 요한 바오로 2세가 설립한 사회과학 연구소의 명예 회원이 되었다. 바티칸의 교황청 사회과학 학술원은 경제, 법률, 사회학 등에 관한 가톨릭교회의 교리를 연구하는 곳이다. 형식적으로는 독립적인 기관이지만 바티칸에 있으면서 재정 지원도 교회에서 받는다. 현재, 교황이 임명한 40여 명의 회원이 있다.

애로는 여전히 교회의 '일반 균형'을 찾고 있다.

📚 《사회적 선택과 개인의 가치》(1951)

로버트 루카스 ROBERT LUCAS
1937~

새고전학파*의 칼리프

프리드먼이 충분히 나아가지 못했다는 새 학파의 창립자

루카스의 삶

———

공격적인 성향의 극단적 보수주의 경제학자이자 통화주의의 선동자였던 밀턴 프리드먼이 좀 싱거웠다거나 더 나아갔어야 했다고 말할 수 있는 사람은 로버트 루카스뿐일 것이다.

1937년 워싱턴 주에서 태어난 루카스는 (부잣집 도련님 같은 겉모습과 달리) 부유한 집안 출신도 아니고 경제학을 전공할 운명도 아니었다. 그는 시카고 대학교에서 역사학을 전공하면서 장학금을 받은 적이 한 번도 없었다. 그럼에도 불구하고 그는 시카고 대학교에서 교수로 재직했

———

- 1970년대 이후 등장한 새로운 신고전학파를 줄여서 새고전학파라고 한다. 경제 주체의 합리적 기대를 강조한다. 고전학파 경제학과 유사한 결론에 이르지만 분석 도구는 현대적이다.

고 시카고학파의 중심축이자 개혁자가 되었다.

밑바닥에서 시작한 루카스는 프리드먼이나 애로 수준의 거물이 되었지만 그들만큼 유명세를 누리지는 못했다. 그 대신 고전학파와 신고전학파의 예배당에서만 영성체를 받을 수 있다는 것을 증명하겠다는 집착을 공유했다. 그들에게 공동의 적은 누구일까? 역시 케인스다. 루카스는 케인스의 계산이 조금 경솔했다고 평가했다. 그리고 경제학자를 꿈꾸는 사람들이 스탈린이나 사담 후세인의 동상을 무너뜨렸듯이 케인스에게도 야유를 퍼부으며 그의 동상을 무너뜨리길 바랐다.

루카스는 거시 경제와 미시 경제라는 케인스식 구분에 이의를 제기한 처음이자 마지막 경제학자였다.

루카스의 이론

—

새고전학파의 칼리프격인 루카스 이론의 핵심은 호모 이코노미쿠스가 변화에 항상 적응하기만 하는 존재라는 프리드먼의 주장과 달리 앞으로 일어날 일을 예측할 수 있다고 보는 것이다. 루카스는 이 개념에 '합리적 기대'라는 멋진 이름을 붙였다.

루카스는 가계와 기업이 대부분 단기적인 환경 변화를 예측하고 그에 따라 결정을 내릴 수 있다고 주장한다. 그렇다고 해서 가계와 기업이 항상 옳은 결정을 내린다는 뜻은 아니다. 다국적 기업이든 한 가계의 부부이든 세금 인상을 예상하고 돈을 따로 모아 둘 수 있지만, 세금은 결국 오르지 않는다. 하지만 경제 주체들의 이러한 반응은 경제가 더 잘 굴러갈 수 있도록 하며, 그러한 흐름은 정부의 개입에 오염되지 않을 때 더 원활해진다.

루카스는 고전학파의 광신도답게 정부 개입에만 알레르기 반응을 보인 것이 아니었다. 그는 모든 경제 정책이 헛되다고 생각했다. 정책의 효과가 경제 주체(재무부의 개혁보다 더 빠를 것이라 예상하지만 증명이 필요하다.)의 행동보다 늦게 나타나기 때문이다. 루카스는 스미스와 리카도에게서 물려받은 '자유방임' 이론에 큰 힘을 실어 주었다.

알아두면 좋아요   케인스의 재정 정책은 비효율적인가?

케인스를 매장하기 위해 케인스의 정책 수단이 비효율적이라는 것을 증명하는 것보다 더 좋은 방법이 있을까? 1944년에 태어난 로버트 배로가 그 증명을 맡았다. 그는 케인스학파였다가 통화주의자 대열에 합류한 뒤 다시 새고전학파 거시 경제학자가 되었다. 케인스 제자들의 필살기는 재정 정책, 특히 통화 창출(은행 대출)로 증가한 재정 적자였다. 케인스학파는 (승수 효과 덕분에 증가한 소득을 소비에 사용하여) 돈이 경제 전반을 부흥시킬 것이라고 주장했다. 그러나 배로는 일부 가계가 그 돈을 저축할 것이라고 봤다. 초기에 창출된 통화를 갚기 위해 언젠가 세금이 인상될 거라 예상하기 때문이다. 이론적으로는 1억 유로의 활성화 자금이 1억 유로의 저축을 만들어 낼 수도 있다. 경제도 활성화하지 못하고 케인스의 진단도 무효가 되니 이쯤 되면 재앙이다.*

---

* 케인스의 처방에 따라 통화를 시중에 공급하더라도 민간 주체들이 언젠가 세금이 오를 것이라 합리적으로 예상하여 저축을 늘려 버리면 효과가 없어진다. 경제 주체들이 합리적이라는 가정하에서는 케인스적 정책이 무력해진다.

루카스의 실수

루카스는 합리적 기대 이론으로 1995년에 노벨 경제학상을 수상했다. 게리 베커와 함께 시카고 대학교 경제학과에서 승승장구하던 먼 옛날의 일이지만. 두 사람은 밀턴 프리드먼이라는 '아버지 죽이기'를 평생의 과제로 삼았다.

성공적으로 과업을 마쳤지만 루카스가 후대에 이름을 남길 수 있을지는 의문이다. 21세기에 정부의 경제 개입을 반대하는 것은 이론적으로 막다른 골목에 다다른 것이나 마찬가지라고 평가하는 사람들이 많기 때문이다. 2007~2008년의 금융 위기는 금융 시스템 내부를 폭발시켰고 실물 경제 전반과 세계 각국에 영향을 미쳤다. 통화 당국(미국, 영국, 유럽 연합의 중앙은행이 경제 구제에 큰 역할을 했다.)의 적극적인 개입이 필요해졌으며, 영국에서는 은행의 국유화, 미국에서는 자동차 업체의

로버트 루카스

국유화까지 이루어지는 등 경제 지원 정책이 활발히 수립되었다.

요즘 조지프 스티글리츠나 폴 크루그먼에게 밀려 로버트 루카스 소식을 듣지 못하는 이유가 바로 그 때문일지도.

📖 《경제 성장 강의》(2002)

모리스 알레 MAURICE ALLAIS 1911~2010

세계화 우울증에 걸린 환자

지나친 규제 완화는 경제적 자살이라고 말한 자유주의자

알레의 삶

———

1988년에 노벨 경제학상을 수상한 모리스 알레는 매우 흥미로운 인물
이다. 자유주의자, 저명한 보수주의자, 시장의 법칙을 가르치는 엄격
한 교수였던 그는 2007~2008년의 금융 위기와 비슷한 시나리오를 오
래 전에 예상했던 최초의 경제학자다. 금융 위기가 끝나갈 무렵, 100세
노인이 된 그도 세상을 떠났다. 제1차 세계 대전이 채 일어나기도 전인
1911년 파리에서 태어난 알레는 개천에서 난 용이었다(알레의 어머니는
아이스크림 가게를 했다). 에콜 폴리테크니크를 수석으로 졸업한 뒤, 명문
인 파리 국립 광업 학교 교단에서 한 세기 동안 내려올 생각을 하지 않
았다. 그는 이곳에서 프리드리히 하이에크의 제자들이 케인스주의에
반대하며 일으킨 대안 운동에 참여하면서 이론가로서 경력을 쌓았다.

알레는 연구실에 틀어박혀 시간을 보내면서 '이단적' 견해, 즉 아무도 공감하지 않는 자신만의 신념을 발전시켰다. 결국, 그는 1980~1990년대의 금융 이론가들 사이에서 미치광이 취급을 받았다.

〈마리안〉과 〈알테르나티브 에코노미크〉를 제외한 대부분의 프랑스 언론마저도 프랑스 최초의 노벨 경제학상 수상자에게 좀처럼 경제 분석 원고를 청탁하지 않았다.

알레의 이론

—

알레는 확실히 유머가 넘치는 사람은 아니었다. 하지만 위대한 경제학자들 사이에서 아주 드문 장점을 가지고 있었으니, 바로 자기비판 능력이다.

처음에 알레는 영미권 경제학자들을 흉내 내려고 애썼다. 그리고 발라나 마셜에 대해 공부하면서 알게 된 신고전학파 이론을 있는 그대로 존중했다. 공학도답게 융통성 제로였던 알레는 경제가 최대한 효율적으로 굴러가면 이러한 상황을 반영하는 일반 균형이 실제로 존재하게 된다고 주장했다.

실물 경제를 거의 병적으로 관찰하던 알레는 시간이 지나면서 고전적 이론에 몇 가지 엉터리가 있다는 것을 밝혀냈다. 그뿐만 아니라 어떤 경우에는 국가의 개입, 규칙 제정, 합리적인 경제 관리가 마법처럼 '최적의 상태'에 가까워지도록 돕는다는 것을 깨달았다. 물론, 알레는 그 최적의 상태를 달성하기가 실제로는 매우 어렵다는 것도 아주 잘 알

모리스 알레

고 있었다.

소외된 경제학자였던 알레는 특정 학파로 분류될 수 없을 만큼 지나친 이단자였다. 경제학자로서 그런 행동은 지적인 자살이나 마찬가지이다.

알레는 자유주의자였지만, 통화주의의 영향을 받은 규제 완화를 격렬하게 비판했다. 유럽 복지 연합*을 꿈꾸면서도 사용자를 위해 노동 시장이 더 유연해져야 한다고 주장했고, 확고한 자유 무역 옹호론자였지만 다국적 기업의 탐욕을 억제할 보호 정책을 수립해야 한다고 주장했다.

이렇다 보니 그를 특정한 학파로 분류하기가 쉽지 않다. 그를 따르는 경제학자들은 왜 노벨위원회가 알레에게 100만 달러의 상금을 빨리 건네주지 않았는지 한참을 한탄했을 것이다. 그를 질투하는 동료들도 사실은 많았다.

그럴 만도 하다. 알레의 연구가 그토록 손가락질당한 것도 경제사상가들의 자존심을 건드렸기 때문이다. 원래 이론과 학문적 재능을 신봉했던 알레는 이론 연구 시장이 현실을 관찰하는 것보다 문제 해결 능력이 떨어진다는 것을 재빨리 깨달았다. 모리스 알레는 마지막 순간까지 천생 공학도였다.

• 유럽 연합 내의 사회경제적 불균형을 완화하기 위해 각국이 명시적으로 사회정책적 목표를 설정하여 협력할 필요가 있다는 구상이다.

알레의 실수

모리스 알레의 문제는 국적이었다. 전후 경제학은 영국 중심으로 돌아 갔고 여기에 미국까지 합세했다. 그러다 보니 몰리에르*가 쓴 빼곡한 1,000여 쪽의 빼곡한 이론서를 그것도 자비로 출판한 이 프랑스 학자 는 이론 분야에서 목소리를 내기 힘든 상황이었다. 게다가 알레의 역작 《순수 경제학》은 독일 점령하에 출간되었다.

알레는 경제학에서(심지어 많은 경제학자가 헤매는 물리학에서도) 많은 발견을 했다. 에드먼드 펠프스, 제임스 토빈, 케네스 애로 등의 미국 경 제학자들이 알레의 이론적 발견을 갖다 썼지만 그가 원조라는 걸 주장 하기에는 때가 늦었다.

그가 99세라는 늦은 나이까지 활동했으니 그나마 다행.

• 17세기 프랑스의 극작가. 당대의 풍속과 인간의 심리에 대해 깊이 있는 고찰을 담은 희곡 작품을 썼다.

모리스 알레

프랑스 최초의 노벨 경제학상 수상자인 알레는 1990년대와 2000년대 사이에 꽤 외로움을 느꼈을 것이다. 금융 경제가 호황을 누리던 시기에 전 세계에서 유일하게 자유주의자이자 사회주의자를 자칭하는 학자였기 때문이다. 지나치게 이단적이고 특정 계파에 대한 충성을 거부했던 그를 언론에서도 외면했다. 그러나 알레의 이론을 다시 들여다보기만 해도 그의 관점이 실제로는 매우 신중했다는 것을 알 수 있다. "두 개념(자유주의와 사회주의)은 불가분의 관계이다. 두 개념이 서로 상반된다는 생각은 틀렸을 뿐 아니라 작위적이다. 사회주의자는 부의 공평한 재분배에 관심을 두고, 자유주의자는 부의 효율적 생산에 관심을 두기 때문이다. 따라서 이 둘은 서로 달라도 동일한 주장의 상호보완적 측면이다. 내가 맹목적인 자유 무역을 옹호하는 국제기구들을 비판한 것도 자유주의자로서 한 일이다(〈마리안〉, 2009년 12월)."

📖 《시장 경제의 통화 조건》(1987)

조지프 스티글리츠 JOSEPH STIGLITZ
1943~

세계은행의 멜랑숑*

국제 금융의 부두교** 주술사들이 부정한 '재산'을 토하길 바라다

스티글리츠의 삶

—

드디어 미국뿐 아니라 프랑스에서도 잘 알려진 경제학 스타를 만나 볼 차례다. 턱수염, 특유의 비웃음, 과장된 분노, 프랑스 국영 방송에 출연해 구사했던 뛰어난 프랑스어 등 누구라도 조지프 스티글리츠를 한번 보면 잊기 힘들다. 그의 평생에 걸친 숙원은 마귀할멈 같은 국제 통화 기금(IMF), 세계은행(World Bank), 세계 무역 기구(WTO)를 꼼짝 못하게 만드는 것이다.

- 2012년 프랑스 대통령 선거에 좌파 정당 후보로 출마하여 돌풍을 일으킨 장 뤽 멜랑숑. 주류 정치가들이 상상할 수 없는 파격적이고 급진적인 공약을 내놓았다.
- 헛된 믿음을 주장하는 경제 이론을 주술에 빗대어 '부두 경제학'이라고 부른다.

1943년에 마이클 잭슨과 같은 도시(인디애나 주 게리 시)에서 태어나 예상대로 뛰어난 학생이자 교수(시카고 대학교, 매사추세츠 공과 대학교, 예일 대학교 등)가 된 스티글리츠는 정부에 참여하기 시작하면서 공격자의 면모를 드러냈다. 클린턴 행정부 시절(1992~2000년)에 그는 대통령 경제 자문 위원회 위원장, 세계은행의 '수석 경제학자' 등 대단한 자리에 앉았다. 금융을 좌지우지하던 사람들은 순진하게도 스티글리츠가 자기편이라 믿었지만 그것은 엄청난 착각이었다. 스티글리츠는 주요 주주인 미국에 종속된 국제기구들을 (지금까지도 멈추지 않고) 30년 동안 비판하고 있다. 스티글리츠가 미국인임을 잊지 말자!

대안 세계화 운동가들의 판단이 이번에는 틀리지 않았다. 그들의 우상이 된 스티글리츠는 권력 유지에만 관심이 있는 무책임한 은행가, 대기업 최고 경영자, 금융가의 손에서 좌지우지되는 세계화를 비난했다. 그들의 탐욕을 효과적으로 고발한 스티글리츠는 신랄했던 카를 마르크스를 연상시키기도 한다. 그와 마르크스의 운명은 달랐지만.

스티글리츠는 자본주의 시스템에 케인스식 해독제를 다량 주입해서 자본주의의 폐해를 치료하려 한다. 그는 2001년에 신케인스주의 분석으로 노벨 경제학상을 받았다. 민주당 지지자인 그의 부모가 얼마나 좋아했을까.

매우 활동적인 스티글리츠는 짬짬이 경제를 연구했는데, 그의 '비대칭 정보' 이론은 다소 애매해 보이는 이름과 달리 혁신적인 아이디어였다.

스티글리츠의 이론

—

스티글리츠는 불평등을 격렬히 비판한다. 디지털 경제에서 정보의 불평등이 비롯되었다는 이론은 그의 가장 독창적인 아이디어였다. 그는 노동 시장에서 임금, 대출 시장에서 대출의 신축성이 크지 않기 때문에 경제에 최적인 유동성을 확보할 수 없다는 연구 결과를 발표했다(노벨 경제학상 공동 수상자인 조지 애커로프와 마이클 스펜스의 연구도 이와 유사하다). 그 이유는 무엇일까? 두 시장에 존재하는 정보의 비대칭성 때문이다. 두 가지 예를 보자. 노동 시장에서 고용주는 노동자의 실질적인 생산성(동기, 능력)을 알 방법이 없다. 따라서 노동자가 학력이 높거나(대학 졸업자의 능력이 떨어질 가능성은 적다.) 월급이 많아야 회사에 대한 충성도가 높아질 것이라고 판단해 높은 임금을 주게 된다. 은행도 대출을 원하는 고객에게 높은 요금(금리)을 매기려 한다. 겉으로 보기엔 멀쩡한 고객이 빚을 잘 갚아 나갈지 알 수 없기 때문이다. 결국, 두 시장에서 가격의 신축성이 낮기 때문에 경제를 건전하게 지원할 수 없다. 이 추론은 백 퍼센트 케인스식이다. 일자리가 없고 대출을 못 받으면 경제가 돌아가지 않고 침체된다고 보았기 때문이다.

스티글리츠가 제안하는 해결책은 뭘까? 당연히 케인스식이다. 정부가 개입해서 불균형을 해소해야 한다. 그렇게 하면 이변이 없는 한 경제가 활발히 돌아가리라.

스티글리츠의 실수

스티글리츠에게 대드는 일은 소용없는 짓이다. 아마 그에게 한마디도 하지 못할 테니 말이다. '월가를 점령하라(Occupy Wall Street)' 운동의 아이돌로 떠오른 그는 선배 경제학자들보다 더 많이 언론을 점령했다. 노벨 경제학상 수상은 클린턴 행정부의 숨겨진 인물이었던 그에게 날개를 달아 주었다. 명실공히 스타가 된 스티글리츠에게 대적할 만한 상대는 동향이자 신케인스학파 동료인 폴 크루그먼밖에 없다. 정치, 언론, 경제뿐 아니라 방송 스타로서 스티글리츠는 모든 문제에 대해 의견을 피력하고 있다.

그는 가격 경직성, 유로화, 경제 위기, 미국 의료 체계, 통화 안정, 세계은행 직원들의 수동적 뇌물 수령, 유럽 연합의 긴축 정책, 아시아의 경제 성장, 서양 국가들의 부채 등 모든 주제를 막론하는 연설가가 되었다. 주제 목록은 끝이 없고, 사실은 뭐가 뭔지 잘 모를 때도 있다.

어쨌든 스티글리츠는 참 대단한 재능을 가졌다.

드디어 좌파로 전향한 국제 통화 기금

2014년 2월 말에 전해진 소식은 신문 1면을 장식하지는 않았지만, 조지프 스티글리츠가 들었다면 껄껄 웃었을 것이다. 그 소식은 국제 통화 기금의 연구원 세 명이 경제 성장과 부의 재분배에 대한 상관관계를 연구한 보고서*에 들어 있었다. 지난 10년 동안 신자유주의적 행태 때문에 스티글리츠에게 비난을 받았던 국제 통화 기금이 2007~2008년 금융 위기 이후 각국에서 실시된 소득 재분배 정책이 "성장을 방해하지 않은 것으로 보인다."라고 인정했기 때문이다. 이 보고서는 20년 전부터 각국 경제의 주요 특징이 되어 버린 불평등의 심화로, 성장의 열매가 골고루 나눠지지 않은 탓에 역동적인 경제 성장이 저해되었다고 밝혔다. 국제 통화 기금 본부가 있는 워싱턴을 쓰나미가 덮쳤어도 이보다 파장이 더 크지는 않았을 것이다. 프랑스 출신의 사무총장(도미니크 스트로스칸과 크리스틴 라가르드**)이 지휘하는 국제 통화 기금이 레이건식 믿음을 버리고 세계 경제에 더 잘 맞는 신중한 입장을 취한 것이다. 스티글리츠가 여기에 한몫했음은 틀림없다.

📖 《세계화와 그 불만》(2002)

---

* Jonathan D. Ostry, Andrew Berg, Charalambos G. Tsangarides, *Redistribution, Inequality, and Growth*, SDN/14/02, IMF, 2014.
** 2007년부터 2011년 5월까지 국제 통화 기금 총재를 맡았던 도미니크 스트로스칸, 2011년 7월부터 현재까지 국제 통화 기금의 총재를 맡고 있는 크리스틴 라가르드 모두 프랑스인이다. 프랑스가 전통적으로 미국의 보수주의보다는 진보적 사고를 하는 경향이 있기 때문이다.

아마르티아 센 AMARTYA SEN 1933~

제3 세계주의의 착한 사마리아인

저개발의 원인을 파헤치면서 로스차일드 가문의 딸과 1결혼하다

센 의 삶

아마르티아 센은 위대한 경제학자 무리에게 어느 정도 신선한 피를 수혈해 주었다. 그가 노벨 경제학상을 수상한 유일한 인도인이고, 저개발과 불평등의 메커니즘을 연구한 주요 현대 이론가이기 때문이다. 게다가 이해할 수 없는 방정식이나 공식으로 우리를 괴롭히지 않으니 아주 칭찬받을 만하다.

터번을 두른 우리의 석학은 인도 제국(오늘날 서벵골 주에 있는 산티니케탄)의 특권층 가문에서 1933년에 태어났다. 아버지는 화학자였고, 소설가이자 철학자였던 할아버지는 위대한 시인이면서 인도 독립의 아버지인 라빈드라나트 타고르와 친했다. 센은 23세에 캘커타 대학교에서 교편을 잡기 시작해서 이후에 델리 대학교, 런던 대학교, 옥스퍼드 대학교, 미국의 여러 대학교에서 가르쳤다.

그러나 센은 고향 뱅골에서 엿봤던 지독한 가난을 머릿속에서 지울 수 없었다. 그리하여 저개발 분석을 평생에 걸친 연구 과제로 삼았다. 일종의 유물론을 강조했던 애덤 스미스 이후로 사라졌던 인간의 윤리를 경제사상에 다시 심는 일은 필연적인 의무였다.

대학의 살아 있는 양심이 된 센은 1998년에 노벨 경제학상을 수상했다. 그 후 센은 전 세계의 주목을 받았고 그의 저서들은 30개국에서 번역 출간되었다. 2008년에 프랑스의 니콜라 사르코지 대통령도 센에게 보다 평등한 경제 성장을 도모할 수 있는 방법에 대한 연구를 위임했다. 센은 미국 좌파 경제학자인 조지프 스티글리츠와 공동으로 보고서를 작성했다. 하지만 안심하시라! 아마르티아 센의 혈관에 귀족의 피가 다시 돌기 시작했으니…. 그의 세 번째 부인 엠마는 영국계 로스차일드 가문의 자손으로 하버드 대학교 교수였으며 (웃지 마시라!) 애덤 스미스 전문가였다.

센의 이론

센은 기아의 주원인이 기후나 흉작이 아니라고 주장했다. 기후와 흉작은 진부하고 갖다 대기 쉬운 변명에 불과했다. 수백만 명을 죽게 하는 기아는 정치적 문제이며 소득 재분배의 문제, 민주주의의 문제였다. 센은 민주주의 사회의 정치적 운용에 필요한 구체적 해법을 제시하는 방식으로 경제사상을 발전시키려 노력하면서 정치와 경제를 함께 다루려

고 애썼다(센의 고향 인도는 서양의 통치 방식을 그대로 답습한 제도가 있는 세계 최대의 민주주의 국가임을 잊지 말자).

센은 조화로운 인류의 발전, 즉 적어도 영양실조나 문맹 같은 문제가 없는 상태가 되려면 시민이 적극적으로 정치에 참여해야 한다고 믿었다. 국민의 보건·교육 문제가 해결되지 않는 이상 경제 성장이 저개발 문제를 해결해 주리라고 기대하는 것은 헛된 일이다. 경제 발전(성장)은 정치적 개혁이 있어야 가능하다. 여성의 문맹 퇴치, 아동 백신 접종, 시민의 의무적인 선거 참여 등이 이루어져야 생활 수준과 정치적 의식 수준이 향상되어 국민이 구습에서 벗어날 수 있다.

빈자의 경제학자인 센의 논리에 따르면, 국민 총생산(GDP)이라는 기존의 도구만 가지고는 경제 성장과 행복의 개선 결과를 측정하기가 불가능하다. 국민 총생산이란 한 국가가 1년 동안 생산해 낸 부의 총가치이다.

까막눈이더라도 국민 총생산이 미흡한 지표라는 것을 금세 알아차릴 것이다. 예술 작품, 자유 소프트웨어*, 운송업체의 탄소 발자국** 등은 측정할 수 없기 때문이다.

그래서 센은 1990년에 교육, 기대 수명, 생활 수준이라는 세 가지 기준으로 측정하는 인간 개발 지수(HDI)를 개발했다. 그 뒤로 국제 연합

● 사용, 복사, 수정, 재배포가 자유로운 소프트웨어.

●● 상품을 생산하고 소비하는 과정에서 배출되는 온실가스의 양을 이산화탄소로 환산한 수치.

(UN)은 매년 각국의 인간 개발 지수를 발표하고 있다. 이 지수를 사용하면 동일 지역(선진국, 사하라 사막 이남 아프리카, 오세아니아 등) 내 국가 간 비교가 용이하다. 특히, 은행 잔고가 행복의 믿을 만한 지표는 아니라는 것을 알 수 있다.

센의 실수

착한 사마리아인 센은 평생의 연구가 증명한 바 즉, 자본주의가 복잡해질수록 자본주의가 가진 자율 조절 메커니즘은 약해진다는 내용을 공개하고 싶어 하지 않았다. 서양의 여러 학파 간의 싸움과 별개로 개발 경제학을 발전시키고 싶었던 센은 투덜이 조지프 스티글리츠와 폴 크루그먼으로 대변되는 진보적인 신케인스학파 진영에 공식적으로 가입하지 않았다. 토론 문화란 보편적인 것이며 어느 사회 조직에나 존재하므로 모두 부자가 될 수 있는 사회를 만들기 위한 선결 조건인 국민의 건강 및 지적 수준의 개선에 밑받침이 될 수 있다고 주장했다. 이러한 개념이 제대로 활용되었더라면 서양 경제학자들이 좌측 날개를 힘차게 흔들 수 있었을 것이다.

프랑스 사회당이나 미국 민주당에서 오랜 시간을 들여서 토론할 만한 주제가 아닐까!

소액 대출의 모범생, 유누스

마찬가지로 벵골 주(오늘날 방글라데시에 속한 동부)에서 태어난 또 다른 노벨상 수상자는 센의 가르침을 그대로 적용했다. 소액 대출 제도를 만든 무하마드 유누스가 그 주인공이다. 소액 대출 제도는 현대 은행 체계를 가난한 사람의 눈높이에 맞추려는 시도다. 소규모 활동을 하는 빈민층이 적은 금액의 대출을 받도록 해 주는 것이다. 이는 (자비를 들인 소상공 활동에서 얻은) 적은 소득을 가지고도 경제적으로 행복할 수 있다는 센의 아이디어와 매우 비슷하다. 소액 대출은 연대 책임제다(대출을 받고 갚으려면 최소 5인의 보증인이 필요하다). 빈곤의 원인 중 하나인 남녀 불평등 때문에 소액 대출의 95퍼센트를 여성이 이용했다.

《센코노믹스, 인간의 행복에 말을 거는 경제학》(1999)

폴 크루그먼 PAUL KRUGMAN
1953~
신케인스학파의 믹 재거

투덜이 크루그먼, 국제 무역을 사기라고 주장하다

크루그먼의 삶

—

스타 조지프 스티글리츠가 정치·경제의 좌파 진영에서 영원히 독주하리라 믿었다면 그것은 스티글리츠보다 열 살이나 어린 데다가 짧은 턱수염이 선배 못지않게 까칠한 폴 크루그먼을 빼먹었기 때문이다. UC 버클리의 교수 모리스 옵스펠드는 크루그먼을 '21세기의 모차르트'라고 불렀을 정도다.

1953년 미국 동부의 롱아일랜드에서 가난한 보험업자의 아들로 태어난 크루그먼은 이름도 거창한 여러 명문 학교에서 학위를 쓸어 담았다. 그것만으로 모자랐는지 그곳에서(예일 대학교, 매사추세츠 공과 대학교, 런던 정치 경제 대학교, 프린스턴 대학교) 학생들을 가르치기도 했다. 예의라고는 모르는 불평불만쟁이 크루그먼은 부시 행정부 시절 지식인들

사이에서 비판의 목소리를 드높였고, 결국 노벨 위원회는 베르킨게토릭스가 카이사르의 발밑에 방패를 던지듯 크루그먼의 발밑에 옛다 하고 노벨상을 던져 줄 수밖에 없었다.

2008년에 노벨 경제학상을 받았다는 사실은 뜻깊다. 크루그먼이 저주를 퍼부은 통제 불능의 금융 자본주의를 상징했던 리먼브라더스가 그해에 파산했기 때문이다. 불굴의 신케인스학파 크루그먼은 밀턴 프리드먼을 잇는 경제학자들이 강요하던 신자유주의 헤게모니를 사력을 다해 공격했다. 밀턴 프리드먼이 1940년대부터 1970년대까지 케인스학파의 사상을 공격하던 모습과 비슷하다. 최고의 적수를 닮은 크루그먼은 관심을 끄는 방법도 프리드먼과 비슷했다. 언론을 능숙하게 다룰 줄 알았던 것이다.

• 베르킨게토릭스는 갈리아 부족을 규합해 카이사르에게 맞섰다가 패배했다.

서재에 틀어박혀 계산기를 손에서 놓지 않는 경제학자의 전형과 완전히 달랐던 그는 15년 동안 〈뉴욕 타임스〉에 연재한 반자유주의 사설로 세계적 명성을 얻었다. 명망 높은 신문이 스타 경제학자의 신랄함을 감당 못할 때면 그는 블로그를 이용했다. 크루그먼의 비난은 적어도 명쾌하다는 장점이 있다. "나는 복지 국가를 적극 지지한다. 복지 국가는 지금까지 발명된 사회적 장치 중 가장 품위 있다(〈챌린지〉, 2008년 12월)." 세계적인 금융 위기가 시작되자 크루그먼의 등에 날개가 돋는 듯했으리라는 것은 말할 필요도 없다. 그는 이미 2005년에 서브프라임 모기지 사태를 예견했다.

크루그먼의 이론

크루그먼의 업적은 국제 무역에 관한 고전학파의 이론에 문제를 제기한 것이다. 기억을 더듬어 보자. 리카도가 비교 우위를 증명한 뒤, 세계 각국은 보유한 자원을 최대한 활용하기 위해 서로 무역을 하는 것이 좋고, 따라서 한 분야에 특화하면 좋다고 믿었다.

크루그먼은 국제 무역이 전반적으로 유익하지만 그렇게 간단한 문제만은 아니라고 생각했다. 오늘날에는 경제가 상이하지 않고 오히려 서로 닮았기 때문에 특화하는 나라들이 생길 수 있다.

소비자(이들의 지출이 결국 생산을 결정한다.)는 상품의 획일성보다 다양성을 선호한다. 따라서 각국은 자동차만 생산하거나 밀, 와인, 전자제품만 생산하려 하지 않는다. 규모의 경제(최소한의 품질을 보장하면서

폴 크루그먼
in

조지 부시를 제거하라

오늘은 시청자 여러분께도 친숙한, 거침없는 언변의 소유자를 모셨습니다. 여러분, 경제계의 악동, 폴 크루그먼 박사입니다!

짝

짝

짝

짝

박사님, 농담이 아니었던데요! 조지 부시를 없애고 살다니요?

월요일에는 〈뉴욕 타임스〉에 조지 부시가 나라를 말아먹었다고 쓰셨더군요. 화요일에는 라디오에 출연해서 조지 부시가 선거에서 이기려고 전쟁을 일으켰다고 말씀하셨고요. 오늘 오전에는 블로그에 조지 부시를 멍청한 썩을 놈이라고 올리셨어요.

하하하!

다음은 뭡니까? 백악관을 폭파하기라도 할 건가요?

하하하
하하하

짝 짝

하하하
짝 하하하

짝 짝

대통령한테 너무 심하게 구는 거 아니에요?

아니. 난 할 일을 했을 뿐이야.

아, 네⋯.
그래도⋯.

경제 위기, 전쟁, 불평등, 다 그놈 잘못이야! 그 새끼가 세계를 말아먹었다고!

부시, 가죽 소파에 엉덩이 붙이고 이 방송 보는 거 다 알아! 네 놈의 독재가 계속되도록 내버려 두지 않을 테니 두고 봐!

며칠, 몇 달, 몇 년이 걸려서라도 널 없애 버리겠어!

널 가루로 만들어 버리겠어, 이 뚱덩어리!

사기꾼!

살인자!

독재자!

무덤에서 끌려 나가는 게 벌써 열 번째예요.

축하하러 가자!

짝
짝

대량으로 생산)를 실현할 능력이 있는 국가는 많은 부문에서 생산할 수 있다. 그렇게 되면 국가들이 서로를 닮게 된다. 예를 들어, 프랑스는 와인, 소형차와 중형차, 금융 산업(은행, 금융, IT), 관광 산업 등에서 생산한다. 그런데 이웃 국가인 독일을 봐도 목록이 비슷하다. 그러면서도 두 국가는 서로에게 가장 중요한 경제 파트너다. 크루그먼은 이러한 상황을 바탕으로 선진국에서 차지하는 브랜드 우월성을 설명했다. 베블런이 과시적 소비를 주장한 뒤, 우리는 고객이 특정 브랜드에 대한 충성심을 발휘할 때 느끼는 만족감을 위해 더 많은 돈을 지불할 의사가 있다는 것을 알게 되었다. 크루그먼은 소비자가 다양한 브랜드를 놓고 선택할 수 있기를 바란다는 점을 증명했다.

매사추세츠 공과 대학교의 믹 재거인 크루그먼은 자유 무역을 옹호하지만 온건한 자유 무역을 바라니 꽤 모순적이다. 불굴의 신케인스학파인 그는 지구적 차원에서 경쟁이 모든 것을 해결할 수 없고 심지어 '불완전한(신자유주의자들에게는 욕설이나 마찬가지인 말이다)' 경쟁이 나타난다고 봤다. 이러한 이유 때문에 대자본이 필요한 부문에서 국가 독점이 형성된다. 항공 우주 산업이 대표적인 예다. 대형 항공기 시장(로켓과 위성도 동일하다.)은 시장을 창출하는 데 필요한 재원을 유일하게 충당할 수 있는 미국과 유럽 연합이 독차지하고 있다. 그러므로 국가는 경제에 적극적으로 나서서 모든 경제 주체가 패자가 될 수밖에 없는 상황을 '바로잡을' 수 있다.*

크루그먼의 실수

—

크루그먼은 세계화된 세계에서 금융 위기 이후 나타난 현상을 공격해야 할 것이다. 그 현상이란, 크루그먼이 아직 공식적으로 자신의 이론

- 항공기 산업처럼 초기에 막대한 비용이 드는 경우 어느 기업도 선뜻 특화하려 하지 않는다. 이런 경우 국가(정부)가 전략적 무역 정책을 통해 자국 기업에 보조금을 준다든가 해서 성공 확률을 높이고 경쟁국의 기업이 선뜻 진입할 수 없도록 한다. 이런 경우에는 자유 무역 원리가 적용되지 않는다는 게 크루그먼의 주장이다.

체계에 포함시키지 않은 '국민의 선호도'다. 20세기 말까지 미국인, 독일인, 프랑스인, 브라질인, 중국인, 우크라이나인을 막론하고 모두가 자국의 제품을 소비하는 문제에 대해 무관심했다. 그러나 탈산업화와 더불어 경제 협력 개발 기구(OECD) 가입국 내에서 대량 실업이 출현하면서 자국 제품을 선호하는 움직임이 일어났고 어느 정도 반향이 있었다. 그뿐만 아니라 환경에 대한 관심이 높고 '탄소 발자국'에 민감한 소비자들은 자국이나 이웃 나라에서 생산된 재화와 서비스로 돌아서고 있다. 보호주의의 귀환으로 온건한 자유 무역이 여러 국가에 이롭다고 주장한 크루그먼의 이론에 대해 이의가 제기되고 있다.

앗, 크루그먼에게 이런 일이?

경제사상가 중 잠시라도 혀를 가만두지 않는 사람이 있다면 바로 크루그먼일 것이다. 일 중독자에 산만한 참여형 지식인인 그는 미처 외교술을 배울 시간이 없었던 모양이다. 그가 겨냥한 두 사람은 누구일까? 전 미국 대통령 조지 W. 부시와 전 미국 연방 준비 제도 이사회(FRB) 의장 앨런 그린스펀이다. 크루그먼은 부시 전 대통령에 대해 "정치 분야에서 일관된 거짓말을 최고 수준으로 끌어올렸다(《뉴욕 타임스》, 2013년 4월 27일)."라고 평했다. 크루그먼 승.
앨런 그린스펀에 대해서는 그린스펀이 최고의 명성을 누리던 2000년대 초반에 '비겁자'라고 폄하했다.

　10년 뒤, 앨런 그린스펀이 플로리다 연안에서 은퇴 생활을 즐기고 있을 때에도 크루그먼은 그가 "미국 연방 준비 제도 이사회 사상 최악의 의장"이었다고 맹비난하면서 "세상을 더 나쁘게 만드는 데 최선을 다했다(《뉴욕 타임스》, 2013년 10월 20일)."라고 말했다. 크루그먼 완승.

경제를 배신한 사회주의자, 올랑드

2014년 1월, 크루그먼은 자유주의로 선회한 프랑스 대통령을 자신의 블로그에서 비난했다. "충격적인 것은 이미 틀렸다고 판명된 우파의 교리를 우호적으로 받아들인 그의 방식이었다." 크루그먼은 2010년부터 유럽에서 이행 중이던 긴축 정책을 프랑스 사회주의자들이 멈출 수 있기를 희망한 적이 있다.•
크루그먼은 오늘날의 많은 경제학자와 달리 긴축 재정을 포기하라고 한다. 경제 활성화를 막는 자살과도 같은 정책이기 때문이다. 크루그먼은 유럽 국가들이 재군비가 아니라 연구 개발, 인프라 등 대규모 프로젝트를 통해 1930년대처럼 수요를 적극적으로 창출해서 위기를 벗어나야 한다고 믿는다. 그런데 올랑드 대통령은 6,600만 명의 프랑스 국민과 전 세계 사람들에게 공급이 수요를 창출한다면서 기업의 세금 부담을 대폭 줄이겠다고 발표했다. 크루그먼은 노발대발하면서 이건 '사기'라고 했다. 수요가 무한하다는 장 바티스트 세의 옛 생각은 이미 폐기된 아이디어기 때문이다. 2014년 4월, 시 의회 선거에서 패배를 맛본 뒤 올랑드 대통령이 수정한 정책이 크루그먼의 마음에 들었을지 모르겠다. 아르노 몽트부르 경제 장관이 산업 생산을 증진할 소임을 맡고 취임했지만 미셸 사팽 재무 장관이 500억 유로에 달하는 돈을 마련해 주어야 하니 말이다.••

📖 《지금 당장 이 불황을 끝내라!》(2013)

• 2012년부터 프랑스를 이끌고 있는 올랑드 대통령은 좌파 정당인 사회당에 소속되어 있다.
•• 아르노 몽트부르 장관은 올랑드 대통령의 중도주의 노선과 친기업 정책을 공개적으로 비난한 뒤 2014년 8월에 경질되었다.

미셸 아글리에타 MICHEL AGLIETTA
1938~

화폐 시계의 장인

화폐에서 인간의 폭력성을 막을 모순적인 방패를 찾아내다

아 글 리 에 타 의 삶

국민 소득 계정을 공부하면서 인류학 연구를 끌어와 이론을 만든 학자
가 있다.

프랑수아 케네의 조국에 영광을! 미셸 아글리에타는 1938년 샹베리
에서 태어난 프랑스인이며, 에콜 폴리테크니크와 국립 통계 학교를 졸
업하고 지금도 활동 중인 고위 공무원이다. 프랑스에서 만들어진 조절
학파의 공동 창시자이자, 국제적 명성을 누리는 학자(국제 정보 전망 연
구소 소속)며, 유럽 연합 건설의 열렬한 지지자(유럽 단일 통화를 만들어
낸 장인 중 한 명)이기도 하다.

2012년 대선에서 프랑수아 올랑드 후보를 공개적으로 지지했고, 이
어서 신설된 공공 금융 고등 위원회(HCFP)의 위원으로 임명된 아글리

에타는 영미권에서 보통 마르크스주의자로 분류된다. 그 때문인지 (너무?) 오래전부터 노벨 경제학상 후보 물망에 올랐음에도 해마다 조금씩 수상에서 멀어지고 있다.

아글리에타의 이론

아글리에타는 동료들과 함께 연구를 진행했고 거기에서 도출된 결론을 가지고 정치적 참여를 시작했다. 그들의 연구는 새로운 경제학파인 조절학파의 탄생으로 이어졌다. 자본주의적 메커니즘과 마르크스주의적 조정의 믿기지 않는 결합인 조절학파의 또 다른 대표 주자로는 역시 에콜 폴리테크니크 출신인 로베르 부아예가 있다. 조절학파가 미국에서만 아니라 일반적으로 '좌파'로 규정된다는 사실은 말할 필요도 없다.

조절학파는 경제를 설명하기 위해 일반 균형이라는 핵심적이고도 신성한 패러다임을 대체할 대안을 제시했다.

이들은 마르크스의 영향을 받아 사회와 제도의 관계 속에서 안정기와 위기에 대한 매뉴얼을 만들었다. 조절학파도 역사적 주기가 중요한 역할을 한다고 보았는데, 68혁명에서 갓 태어난 프랑스의 이론적 이단아인 조절학파에서 냉전의 향기를 맡을 수 있는 대목이다.

아글리에타는 화폐의 역할을 분석한 덕분에 이론가로서 장수하고 있다. 그의 분석 또한 조절학파의 논리에서 비롯되었다. 그에 따르면, 화폐는 매개체가 아니라 사회 영역에서 엄연히 활동하는 일종의 법인이다.

주화, 지폐, 채권, 은행 계좌 등 가치, 유통 속도, 소유자가 있지만 양

미셸 아글리에타

면성을 띤 사회적 역할을 담당하기도 하는 것이 통화다. 어떤 때에는 통합의 역할을 하고, 또 어떤 때에는 파괴의 역할을 하기 때문이다.

바로 이 지점에서 아글리에타는 르네 지라르와 같은 역사사회학자들의 연구를 도입했다. 인간관계의 중심에는 상품 관계가 존재하며 때로는 진정제처럼, 때로는 흥분제처럼 중개자 역할을 하는 것이 바로 우리의 소중한 돈이다. 아글리에타는 화폐가 인간과 제도 간의 관계 균형을 맞추는 조절 기능이 약해지면 미쳐 날뛰는 폭력으로 가득 찬다고 주장했다. 실제로 미국의 로널드 레이건, 영국의 마가렛 대처, 프랑스의 미셸 로카르가 금융 규제를 대폭 완화한 뒤 화폐는 폭력적으로 변했다. 그래서 금융 위기, 증시 폭락, 막대한 공공 부채의 증가가 계속되는 것이다.

아글리에타의 실수

조절학파는 주기적인 경제 위기를 해부하는 공을 세웠다. 조절학파의 주장에 따르면 자본주의와 경제 위기가 떼려야 뗄 수 없는 관계라고 하니 조금 불안하긴 하다. 새고전학파를 필두로 해서 조절학파에 반대하는 사람들은 경제 주체가 시스템의 반복적인 흔들림을 예상할 수 있고 화폐의 폭력성에 대비할 수 있는 능력을 지녔다고 반박한다.

미국인과 프랑스인의 볼 만한 맞대결이 아닐 수 없다. 프랑스의 경제 사상이 아직 펄펄하게 살아 있음을 보여 주니 얼마나 다행인가.

📖《폭력과 신뢰 사이의 화폐》(2002, 앙드레 오를레앙 공저)

대니얼 카너먼 DANIEL KAHNEMAN
1934~

주식 중개인들의 코치

경제 문외한이던 심리학자가 행동경제학을 발명하다

카너먼의 삶

—

슈퍼 경제학자들과의 만남을 잘 마무리하려면 카너먼을 들여다보지 않을 수 없다. 그는 오랫동안 경제에 무지한 심리학자였다가 새로운 경제학파인 행동학파를 창시했고, 그 공로를 인정받아 노벨 경제학상까지 거머쥐는 두 번의 쾌거를 이루었다!

영국의 신탁 통치가 한창이던 1934년에 팔레스타인 텔아비브에서 태어난 카너먼은 독일에 점령당한 파리에서 가족과 숨어 지내며 어린 시절을 보냈다. 그 후 고향으로 돌아가 예루살렘 대학교에서 심리학자로 사회에 첫발을 내딛었다. 마찬가지로 이스라엘 출신의 심리학자이자 절친한 동료인 아모스 트버스키와 함께 이스라엘 공군 조종사들을 실험 대상으로 삼아 인간이 내리는 결정 방식을 15년 동안 연구했다.

평상시에 가지고 있던 기준이 사라진 상황에서 인간이 어떻게 행동하는가를 살펴본 것이다. 카너먼의 이론은 미국에서 경제 연구를 장악했고 애덤 스미스와 그 후계자들이 애지중지하던 호모 이코노미쿠스의 동상을 결정적으로 무너뜨리는 데 기여했다. 2002년 노벨 경제학상을 수상한 카너먼은 대세가 되었다. 버락 오바마의 젊은 선거 캠프는 카너먼의 이론에 심취한 나머지 그의 아이디어를 차용하여 민주당 선거 공약을 만들었다. 오바마가 친구 올랑드에게 귀띔해 주지 않았을까?

카너먼의 이론

카너먼과 트버스키가 시작한 행동학 연구가 경제 영역을 파고들 때까지 20년이 걸렸다. 지금은 파고들다 못해 단단히 박혀 있다. 카너먼의

경쟁자들(대부분 미국인)은 계산보다 감정이 앞서는 상황이 많다고 주장했다. 인간은 언제나 얻는 것(임금 인상, 선물, 승진 등)보다 잃는 것(구매력 감소, 추가적 소득의 부재 등)에 정신적으로 더 민감하다는 말이다. 경제 주체가 잃는 것에 신경을 더 쓴다는 사실은 정부 정책과 기업 전략에 영향을 미칠 수밖에 없다.

행동학파의 개념들은 행태금융이론을 통해서 주식 중개인들의 복잡한 머리를 해부하는 데에도 쓰였다. 마침내 증거가 나왔다. 주식 중개인이 간밤에 무엇을 했는지, 배우자와의 관계가 어떠한지에 따라 투자 논리가 상당히 달라진다는 것이다. 따라서 초기에 형성된 투기 거품은 엄청나게 부풀어 올랐을 때의 거품보다 훨씬 비합리적이다.

그럴 줄 알긴 했지만….

카너먼의 실수

—

연구소 실험(행동학 연구자들은 흰 가운을 입고 일한다.)으로 도출한 결론은 편향적일 수밖에 없다. 소비자가 항상 감정에 치우쳐 결정을 내린다는 설명은 항상 소비자를 관리해야 한다는 결론에 도달한다. 행동학 연구의 열렬한 팬이었던 오바마 선거 캠프는 오바마를 설득해서 민간 부문의 노동자에게 연금 저축을 들도록 의무화(탈퇴는 자유)하는 공약을 내걸게 만들었다. 좌파와 우파를 막론하고 임금 노동자의 자유를 지지하는 유럽과는 완전히 반대되는 개혁이었다. 2014년에 행동학파가 누린 인기는 경제학이 막다른 골목에 내몰렸다는 사실을 반증하지 않을까.

프랑스인까지 나서다니!

2014년에 노벨 경제학상을 수상한 장 티롤이 행동경제학을 기웃거리는 걸 보면 행동경제학의 인기가 대단하긴 한가 보다. 툴루즈 경제 학교(TSE) 교수인 티롤은 심리학과 경제학의 상호 작용에 관한 한 최고 권위자로 학계에서 명성을 날리고 있다. 프랑수아 케네의 나라인 프랑스가 행동경제학 뷰야에서는 미국의 압도적인 우위에 완전히 밀리지 않았다는 뜻이다. 파리 경제 학교(PSE)도 있어서 프랑스에는 다양한 분야에서 내세울 만한 학자가 여럿 있다. 대다수는 잘 알려지지 않았지만, 저서가 큰 반응을 얻어서 어느 정도 이름을 알린 경제학자가 두 명 있다. 바로 《악의 번영》을 펴낸 다니엘 코엔과 《21세기 자본》을 쓴 토마 피케티다. 그러나 카너먼처럼 심리경제학에 대단한 관심을 보인 사람은 없었다.

📖 《생각에 관한 생각》(2011)

경제학은 사회과학인가, 정밀과학인가?

경제학은 학문인가 논쟁인가? 지식을 발전시키려고 일부러 반박 가능한 연구 방법을 내세우는 학문인가? 아니면 경제 정책과 사회 정책을 만드는 데 필요한 도구와 재료의 충돌인가?

학문과 논쟁을 똑같다고 볼 수는 없다. 최초의 경제사상가 프랑수아 케네와 애덤 스미스가 만난 뒤로 250년이 흘렀지만, 경제학이 실제로 학문의 반열에 올라섰는지 아니면 옛날처럼 '정치경제학'의 연습 문제 정도인지 솔직히 확신이 서지 않는다.

경제학자와 현대 사상가뿐 아니라 기업의 경제·경영 전문가, 경제학 교수, 경제 전문 기자까지 경제와 가깝게나 멀게 관련이 있는 사람들은 단두대 앞에 선 당통처럼 고함을 칠 것이다. 경제학은 분명 진보하고 발전했으며 스스로를 돌아보면서 매일 같이 우리를 돕고 있다고. 노벨상에도 경제학상이 생기면서 정통성까지 확보되었다고. 그런데도 경제 위기가 발생하고 말았다고.

　그들의 주장도 맞는 말이지만, 서로 자기만 잘났다고 주장하는 수많은 이론의 늪에서 경제사상이 길을 잃은 것도 사실이다. 경제사상은 출현한 지 200년이 넘었지만 아직까지도 사회과학(사회학이나 심리학)에 속할지 정밀과학(물리학이나 수학)에 속할지 결정하지 않았다. 아직까지는 현대인이 이해하기에 어려운 분야가 아닐까? 아직은 어린 학문이 아닐까? 앞으로도 발견해야 할 것이 많이 남아 있지 않을까?

　경제사상사의 두 공룡 프랑수아 케네와 애덤 스미스가 얼큰하게 취했는지 열띤 토론을 벌이고 있는 방으로 잠시 가 보자. 오늘날로 시간 이동을 해서 이 책을 손에 쥔 두 사람은 우리에게 더 많은 것을 가르쳐 줄 수 있을까?

케네   결국 우리는 자유주의 사상의 아버지가 되었군요.

스미스   카를 마르크스도 자유주의학파의 분석에 토를 달지 못했어요.

케네   요즘은 이론이 아닌 학자들 간의 전쟁이지요.

스미스   사람들이 그의 이론에 대해서 뭐라고 하든 경제학 자체에 대해 의문을 제기한 사람은 케인스였죠. 나머지는 그에게 찬성하든 가 반대하든가 했고요.

케네   맞습니다. 전 세계 사람들이 경제를 좀 안다고 생각하는데 연 구 자체는 멈춰 있으니 모순이죠.

스미스   누구나 경제를 이해하고 싶어 하지만 경제사상가들에게 관심 을 보이는 사람은 없어요. 알지도 못하고요.

케네   하지만 우리 후손의 아이디어들은 흥미롭습니다. 슘페터를 읽 어 보셨나요?

스미스   물론이죠. 창조적 파괴.

케네   21세기 들어서 경제학자라는 직업에 창조적 파괴가 일어나는 게 아닌지 걱정입니다. 새로운 사상가가 선배의 생각을 소화하 는 건 당연하지만 자신의 이론을 멋들어지게 만들려고 선배의 연구를 폐기하기까지 해요.

스미스   흥미로운 지적입니다. 1970년대 말에 어떤 역사학자가 90퍼센

트의 학자들이 살아 있는 유일한 학문이 경제학이라고 주장한
일을 아세요?

케네 놀랍군요. 그렇다면 경제학은 아직 걸음마 단계의 학문이 아닐
까요. 자, 보르도 와인 좀 더 드시지요.

스미스 쉬렌 와인보다 훨씬 좋군요. 건배!

에필로그

경제학의 역사를 읽다

류동민(충남 대학교 경제학과 교수)

경제학이 출생 신고를 하고 태어나지야 않았을 테지만, 보통 1776년을 근대적 의미의 경제학이 출현한 해로 친다. 저 유명한 애덤 스미스의 《국부론》이 출간된 해이기 때문이다. 많은 경우에 그러하듯, 여기에서 도 '근대적 의미'라는 말은 서구라는 공간적 배경과 자본주의라는 시간 적 배경을 전제로 한다.

　수많은 위대한 지성이 있었고 엄청난 역사가 있었으되, 물질적 생산 력이라는 관점에서 보면 18세기 이전의 인류는 없는 것이나 마찬가지 였다. 최초로 산업 혁명을 완수한 '세계의 공장'이자 '해가 지지 않는 나 라'인 영국이 그 혁명의 시대에 달성한 경제 성장률이라고 해 봐야 겨 우 연평균 1퍼센트 대였다. 그러나 보잘것없어 보이는 이 성장률은 사 람들의 삶에 혁명적인 변화를 가져왔고, 그렇게 경제학은 비로소 제대 로 된 연구 대상과 마주하게 되었다.

　자본주의가 등장하면서 경제가 순환, 즉 돌고 돈다는 생각도 자리 잡았다. 이것은 매우 중요한 변화인데, 국가나 사회도 개인이 그러하듯 많이 벌어서 적게 쓰기만 하면 부유해질 수 있다는 생각이 깨지게 되었기 때문이다. 경제를 혈액 순환에 빗대어 설명한 의사 출신의 프랑수아 케네가 경제학설사의 맨 앞에 등장하는 까닭이기도 하다. 케네의 영향을 받은 애덤 스미스는 수출을 많이 하고 수입을 줄이면 부유한 나라가 될 것이라는 중상주의자들의 주장을《국부론》의 가장 중요한 논적으로 삼았다. 이 책이 케네와 스미스가 만나는 상징적인 장면에서부터 시작하는 것은 바로 그 때문이다.

스미스로부터 시작되어 영국을 중심으로 발전한 초기 경제학의 흐름을 고전학파라 부른다. 데이비드 리카도가 그 정점에 있으며, 존 스튜어트 밀이 한편으로는 그 완성자이자 다른 한편으로는 해체의 길을 연 인물로 평가된다. 고전학파 안에는 맬서스처럼 '꼴보수'에 해당하는 이부터 마르크스처럼 '극좌파'에 해당하는 이까지 다양한 스펙트럼의 인물들이 있다. 그럼에도 하나의 이름으로 묶일 수 있는 것은 이들이 지닌 공통의 인식 기반 때문이다.

우선, 이들은 경제를 구성하는 기본 단위가 개인이라기보다는 사회 안에서 같은 경제적 지위를 누리는 집단, 즉 계급이라고 보았다. 그리고 경제 활동에 있어서 비경제적 요인, 제도나 정치 등의 요인이 중요한 역할을 한다고 보았다. 이 시대에 경제학이 '정치경제학'이라는 이름으로 불린 것은 부분적으로 이러한 연유에서다. 고전학파 경제학자들은 시간이 지나면서 경제 시스템이 어떻게 변화할지에도 많은 관심을 기울였다. 흔히 경제의 장기 동학이라 불리는 문제, 좀 더 일상적인 용어로는 성장과 분배의 문제에 관심을 가졌던 것이다.

19세기 말, 콕 집어 말하자면 1870년대에 신고전학파 경제학이 등장한다. 프랑스 출신의 레옹 발라, 영국의 스탠리 제번스, 독일어권의 칼 멩거 등이다. 이들은 고전학파 경제학자들과는 달리 개인의 선택으로부터 출발하는 경제학 체계를 만들어 냈다. 미적분학을 비롯한 고등 수학이 본격적으로 경제학에 도입되고, 경제학이 물리학을 닮은 정밀과학의 길을 추구하기 시작한 것도 이때부터였다. 오늘날 경제학의 주류도 철학적으로는 여전히 신고전학파의 연장선상에 놓여 있다.

그러므로 아주 단순하게 말하자면, 근대 경제학의 역사는 고전학파와 신고전학파의 역사에 다름 아니다. 물론 슘페터나 베블런, 무엇보다도 케인스 등 고전학파 또는 신고전학파라고 부르기 어려운, 때로는 새로운 경제학의 패러다임을 만들었다(혹은 만들어야 한다.)고 주장하는 이들도 있다. 이 책에서 다루는 35인의 경제학자들 중 전통적인 경제학설사 교과서에서 고전학파와 신고전학파로 분류하지 않거나 아예 다루지조차 않는 이만 얼핏 헤아려 보아도 열 명을 넘는다. 그럼에도 과감하게 선언한다면 이들도 결국 고전학파와 신고전학파 경제학의 변주에 지나지 않는다. 비록 경제학자들이 사용하는 수학적 기법은 엄청나게 발달했고 경제학 자체가 지나칠 정도로 발전하여 같은 경제학자끼리도 분야가 다르면 논문을 읽어도 이해하기 어려울 지경이 되었지만.

여기서 매우 중요한 질문을 던져야 한다. 우리는 왜 경제학의 역사, 이미 오래전에 죽은 경제학자들의 생각을 살펴보아야 하는가? 만약 경제학이 물리학이나 수학 같은 엄밀한 과학이라면 가장 최근에 나온 '정확한' 이론만 공부하면 될 것이다. 역사적 위인이나 흘러간 역사에 대한 고고학적 관심이 아니라면, 이미 '틀린 것'으로 입증된 옛 이론을 배울 까닭은 없지 않겠는가? 그러므로 우리의 질문은 "과연 경제학은 과학인가? 과학이라면 어떤 의미에서 그러한가?"라는 물음에 가닿는다.

현실에서 목도하듯 '경제'는 하나의 실체가 아니다. 재벌의 경제가 있다면 중소기업의 경제도 있으며, 정규직 노동자의 삶이 있다면 비정규직 노동자의 삶도 있다. 계급이라 부르건 개인이라 부르건 간에 누구나 먹고살기 위해 경제 활동을 하며, '우리'의 경제 활동은 '그들'의 경제 활동과 조화를 이루기도 하지만 충돌하고 대립하는 경우도 많다. '우리의 경제'와 '그들의 경제'를 꿰뚫는 하나의 절대적인 진리가 존재하는 것은 아니다. 절대적인 것은 물질적 이해관계가 서로 대립하는 이들이 부딪히며 굴러가는 삶 그 자체일 따름이다. 그렇다면 심지어 200년 전의 경제학자가 주장했던 이론에도 진리는 담겨 있으며, 지금 막 나온 최신의 최고 수준의 이론에도 오류는 있을 것이다. 현실적으로도 오래 전 '틀린 것'이라 치부되었던 경제 이론이 좀비처럼 되살아나기도 하고, 장밋빛 미래를 약속하는 듯 보이던 경제학이 경제 위기 앞에서 속절없이 사라지기도 한다. 그러므로 경제학이 자연과학처럼 절대적이고 객관적인 진리를 밝혀 나가는 학문이라기보다는 물질적 삶의 영역을 둘러싼 이해관계의 대립과 그 구조를 해명하는 학문이라고 생각할 때, 역설적으로 경제학설사를 공부하는 것은 현재적 의미를 확보할 수 있다.

이 책의 장점은 무엇보다 쉽게 설명하기 어렵다는 이유로 표준적인 경제학설사에서 잘 다루지 않는 현대 경제학자들까지 폭넓게 다룬다는 데에 있다. 물론 전부 동의하기는 어려우나, 해당 경제학자의 대표적인 이론을 골라 날카롭게 묘사하는 재주는 감탄스럽다. 아마도 만화라는 형식과 관련이 있겠지만 책 전체에 흐르는 경제학자들에 대한 냉소적인 태도는 어느 정도 위악으로 보인다. 그 위악이 경제학은 절대 진리라 믿고 어려운 수학 공식과 기호 앞에서 주눅 드는 일반인들, 그 점을 이용하여 '전문성'으로 벌어먹고 사는 경제학자들, 가장 나쁘게는 그 뒤에 숨어 스스로의 기득권을 강화하는 이들을 향한 것이라면 나는 비록 경제학자이지만 기꺼이 경제학자의 반대편에 설 것이다. 다만, 삶의 단면을 포착하는 단편 소설이 부분적 진실을 드러낼 수는 있어도 총체적 진실을 보여 줄 수는 없듯이, 이 책에서 다루는 에피소드들이 해당 경제학자는 물론이거니와 경제학의 역사에 대한 확정적 평가일 수는 없다는 점을 기억한다는 조건하에서 그렇다.

정치적으로 좌우를 아우르는 35인의 경제학자들이 각자의 방식으로 치열하게 맞서고자 했던 문제들을 그저 흥밋거리가 아니라 현재 우리의 삶과 관련된 문제로 바꿔 생각해 보는 것이야말로 이 책을 제대로 읽는 방법이자, 동시에 '과학'으로서의 경제학을 맛보는 방법일 것이다.

감사의 말과 참고 문헌

우선, 경제사상사 전문가인 장 마르크 나니엘 ESCP Europe 객원 교수에게 감사의 말을 전한다. 그는 푸짐한 점심 식사를 함께하면서 많은 것을 보충해 주었다. 이 책을 쓰는 동안 그의 역작《경제사상사 Histoire Vivante de la Pensée Économique》(2010)를 늘 가까이에 두었다.

나에게 큰 도움을 준 책이 있다. 수없이 반복해서 읽고, 철저히 분석하고, 어딘가 묻어 두었다가 다시 꺼내 읽고, 수백 번 줄을 치고, 결국 20년이 지난 뒤에야 대략적으로나마 소화할 수 있었던 로버트 하일브로너의《세속의 철학자들 The Worldly Philosophers》(1970)이다. 애덤 스미스에서부터 갤브레이스에 이르기까지 우리의 소중한 경제학자들을 다룬 독보적인 이 책은 세계적으로도 인정받았다.

현대 경제학자들에 관한 꼭지를 쓸 때에는 언론 기사가 많은 도움이 되었다. 그중에서 두 개를 꼽아 본다.

- 경제 전문 월간지《카피탈 Captial》, 2012년 5~6월 특별호, 〈가장 위대한 30인의 천재 경제학자 Les 30 Plus Grands Génies de L'Économie〉.
- 경제 전문 주간지《챌린지 Challenges》, 2008년 12월 11일, 커버스토리 〈새로운 경제학자들 Les Nouveaux Économistes〉.

이 책에서 다룬 주제와 비슷한 내용의 경제 월간지《알테르나티브 에코노미크 Alternatives Économique》의 기사들도 큰 도움이 되었다.

처음에 나오는 프랑수아 케네와 애덤 스미스의 대화는 1766년에 두 사상가가 만났을 때 나누었을 법한 대화 내용을 장 루이 포셀과 에블린 리발스라는 대학 교수 둘이 상상해서 발표한 유익하고도 재밌는 글〈경제학자들의 이단, 경제 이론의 출발점인 애덤 스미스와 프랑수아 케네 La Secte des Économistes, Adam Smith et François Quesnay à L'Origine des Théories Économiques〉에서 영감을 받았다.

자크 발리에의《경제사상 간략사 Brève Histoire de la Pensée Économique》(2005), 다니엘 코엔의《악의 번영 La Prospérité du Vice》(2009), 토마 피케티의《21세기 자본 Le Capital au XXIᵉ Siècle》(2013)을 비롯한 많은 책이 우리가 소개한 경제학자들의 삶과 이론을 명쾌하게 다루고 있다.

나와 뱅상 코는 도미니크 부르도와 로랑 뮐레가 이끌었던 (지금은 문을 닫은) 12bis 출판사에서 '호모 데코노미쿠스 Homos Déconomicus'라는 제목으로 이 책의 작업을 시작했다. 두 사람에게 감사한다.

마지막으로 이 책이 마무리될 때까지 우리와 함께해 준 다르고 출판사 대표 필립 오스테르만과 편집자 폴린 메르메, 그리고 에브 바르댕에게 가장 고맙다고 전하고 싶다.

위대하고 편파적인 경제 용어 사전

★ ★ ★ ★ ★

거시경제학	전체 경제의 운동을 살펴보기 위해 개인 차원이 아니라
	전체적인 시각으로 경제를 바라보는 학문 영역 존 메이너드 케인스
게임 이론	경제 주체가 타인의 결정을 해석하거나 예상해서
	결정을 내린다고 가정하는 학문 영역 존 폰 노이만
경제 주기	기술 발전을 흡수하는 정도에 따라 좋아지기도 하고
	나빠지기도 하는 경제의 자연스러운 주기적 동향 니콜라이 콘드라티예프
계획주의	경제 주체에 해가 될 정도로
	지나치게 정부가 개입하는 현상 프리드리히 하이에크
공급(의 법칙)	공급에는 언제 어디서나 그만큼의 수요가 따른다는
	매우 낙관적인 경제 개념 장 바티스트 세
과시적 소비	단순히 생활을 유지하는 것이 아니라
	과소비를 할 능력이 있음을 보여 주려는 경향 소스타인 베블런
국제 무역	전통적인 국제 교역이 아니라 능력에 따른 전문화보다
	브랜드의 가치가 더 높다는 개념 폴 크루그먼

규제 완화

경제 주체 간의 합의에 방해가 되는 규제를 없애라는
통화주의자들의 권고를 따른 뒤 생긴 직접적 결과 밀턴 프리드먼

기업 관료주의

민간 부문 노동자가 공공 부문 노동자의 나쁜 버릇을 닮으려고 하는
제한할 수 없는 경향을 묘사하는 모순 어법 존 K. 갤브레이스

노동 가치

재화 및 서비스 생산에 필요한 노동의 합 데이비드 리카도

노벨 경제학상

'알프레드 노벨을 기리는 스웨덴 중앙은행 경제학상'의 준말
폴 새뮤얼슨

디플레이션

경제 위기로 번질 수 있는 최적의 조건이므로
지도자들이 반드시 피하려고 하는 물가의 전반적인 하락 어빙 피셔

래퍼 곡선

최적의 세율이 존재한다는 것을 증명하기 위해 고안된
거꾸로 된 U자 모양의 그래프 아서 래퍼

맬서스주의

인구 과잉과 멸망을 가져올 수밖에 없는 인간의 생식 욕망의 폭주
토머스 R. 맬서스

보이지 않는 손

이기주의의 충돌과 개인의 강력한 이익 추구가
전체에 만족을 가져다준다는 시장의 내재적 마법 애덤 스미스

보호주의   자국의 경제 주체의 이익을 우위에 두는 경향으로
자유 무역주의와 상반됨   프리드리히 리스트

복지 국가   시민이 적극적인 소비자가 될 수 있도록 안전장치를 증가시키는 것
윌리엄 베버리지

브랜드   통제할 수 없는 소비자의 행동이 (관점에 따라) 천박하고 기괴하거나
반대로 매우 흥미로운 형태로 구현되는 것   소스타인 베블런

생산성   처음보다 훨씬 더 많은 생산 능력을 낳는 노동 분업의 산물
애덤 스미스

수요(정책)   소비자에게 적절한 수단을 제공해서 소비 욕구를 다시 살리는
정책의 약한 동력   존 메이너드 케인스

슘페터식 기업가   무너진 폐허 위에서 유용한 것을 재창조하며 사회에 기여하는
창조적 야만인   조지프 슘페터

승수   초기 투자 비용보다 더 많은 수요를 창출하는 비책   존 메이너드 케인스

위대하고 편파적인 경제 용어 사전

인간 개발지수 (HDI) 국민 총생산(GDP)을 대체할 수 있는 좀 더 완벽하고 편리하고 진보적인 지수 아마르티아 센

인적 자본 기존의 생산 수단에 대한 정의가 개인의 뇌 속에 든 수익성 있는 자원으로 확장된 개념 게리 스탠리 베커

인플레이션 통화량 증가(보통 지나친 대출 증가로 발생)로 인한 돌이킬 수 없는 전반적인 물가 상승 어빙 피셔

일반 균형 수요와 공급이 완전히 일치하는 강렬한 기쁨의(그러나 이론상으로만 존재하는) 순간 레옹 발라

잉여 가치 보상받지 못하고 기업가의 주머니로 들어가는 노동의 가치 카를 마르크스

자유 무역주의 서로가 부를 쌓을 수 있는 최선의 기회를 제공하기 위해 경제 주체나 국가 간에 아무런 장애물 없이 무역할 수 있는 상황 데이비드 리카도

정보의 비대칭성 한 경제 주체가 상대방에게 품은 관념적 생각과 상대방이 숨기고 있는 현실의 차이 조지프 스티글리츠

조절(학파) 30년 동안 제도가 경제 조직의 발전에 미치는 영향을 연구해 온
신마르크스주의 **미셸 아글리에타**

종합 위대한 경제학자들의 연대를 위한 인터내셔널 조직에 대한
사라진 희망 **폴 새뮤얼슨**

지대 특정 경제 활동에 대한 독점적 지위로 말미암아 부를 부적절하게
가져가는 것 **데이비드 리카도**

테크노스트럭처 소비자의 자유 의지를 믿게 만들면서 그들의 관점을 교묘하게
강요하는 기술, 서비스, 브랜드의 합 **존 K. 갤브레이스**

토빈세 투기를 방지하기 위해 환 거래에 매겨서
전 세계 대안 세계화 운동가들에게 보내질 세금 **제임스 토빈**

통계 경제 주체가 영위하는 생활의 아주 사소한 부분까지
수식으로 만들어서 일반적인 결론을 도출해 내는 대형 계산기

빌프레도 파레토

● 새뮤얼슨은 케인스학파와 신고전학파 이론을 '신고전학파 종합(Neoclassical Synthesis)'이라는 개념
으로 통합하려고 시도했으나 실패했다.

통화주의　　통화 공급을 체계적으로 저지하는 통화량 과잉에 대한 공포증
　　　　　　　밀턴 프리드먼

팔랑스테르　　사회나 경제뿐 아니라 삶의 모든 측면을 편입시킨
　　　　　　　협동조합의 전체주의 버전　**샤를 푸리에**

프롤레타리아　　잉여 가치의 생산자가 무력으로 생산 수단을 장악하고
혁명　　　　　주인의 자리를 차지한 상황　**카를 마르크스**

합리적 기대　　동시대인의 뇌에서 벌어질 일을 미리 읽고 그들이 어떤 선택을
　　　　　　　내릴지 유추할 수 있는 경제 주체의 능력　**로버트 루카스**

행동주의　　감정이 이성적 계산보다 더 앞선다고 주장하는
　　　　　　　심리학에서 발전한 사상　**대니얼 카너먼**

행동조합　　일정한 생활·노동 공간 안에서 경제적으로 선한 의도를 가진
　　　　　　　사람들이 이론적으로 이윤을 낼 수 있는 조직　**로버트 오언**

인물 찾아보기

위대하고 찌질한 경제학의 슈퍼스타들

애덤 스미스부터 폴 크루그먼까지, 35인의 챔피언들과 240년드의 경제사상사를 누비다

1판 1쇄 발행일 2016년 2월 22일
1판 3쇄 발행일 2017년 12월 18일

지은이 브누아 시마
그린이 뱅상 코
옮긴이 권지현
감수 류동민

발행인 김학원
발행처 (주)휴머니스트출판그룹
출판등록 제313-2007-000007호(2007년 1월 5일)
주소 (03991) 서울시 마포구 동교로23길 76(연남동)
전화 02-335-4422 **팩스** 02-334-3427
저자·독자 서비스 humanist@humanistbooks.com
홈페이지 www.humanistbooks.com
유튜브 youtube.com/user/humanistma **포스트** post.naver.com/hmcv
페이스북 facebook.com/hmcv2001 **인스타그램** @humanist_insta
편집주간 황서현 **편집** 이보람 **디자인** 유주현 **디지털POD** (주)테크디앤피

ⓒ 브누아 시마·뱅상 코, 2016

ISBN 978-89-5862-974-0 03320